悟理与践行

一位物理教师的
思考与实践

李红伟 / 著

民主与建设出版社
·北京·

© 民主与建设出版社，2020

图书在版编目（CIP）数据

悟理与践行：一位物理教师的思考与实践 / 李红伟
著. 一北京：民主与建设出版社，2020.6
ISBN 978-7-5139-3057-4

Ⅰ.①悟… Ⅱ.①李… Ⅲ.①中学物理课—课堂教学
—教学研究 Ⅳ.①G633.72

中国版本图书馆 CIP 数据核字（2020）第091442号

悟理与践行：一位物理教师的思考与实践
WULI YU JIANXING：YIWEI WULI JIAOSHI DE SIKAO YU SHIJIAN

著　　者	李红伟	
责任编辑	刘　芳	
封面设计	姜　龙	
出版发行	民主与建设出版社有限责任公司	
电　　话	（010）59417747　59419778	
社　　址	北京市海淀区西三环中路 10 号望海楼 E 座 7 层	
邮　　编	100142	
印　　刷	北京政采印刷服务有限公司	
版　　次	2022年 6 月第 1 版	
印　　次	2022年 6 月第 1 次印刷	
开　　本	710 毫米×1000 毫米　　1/16	
印　　张	13.25	
字　　数	239千字	
书　　号	ISBN 978-7-5139-3057-4	
定　　价	45.00 元	

注：如有印、装质量问题，请与出版社联系。

第一章　课题研究

第二章　新课标研究

第三章　高考试题研究

第四章　实验研究

第五章　习题研究

课题研究

1

"基于核心素养理念下的高中物理混合式教学模式研究"实施方案

一、课题研究背景

核心素养是学生在接受相应学段的教育过程中，逐步形成的适应个人终身发展和社会发展需要的必备品格与关键能力。21世纪以来，国际经合组织、联合国教科文组织、欧美等国家和地区，为适应经济全球化的发展，提出了"培养什么样的人、如何培养人"的问题，相继在教育领域建立了学生的核心素养模型。世界经合组织确立了能互动地使用工具、能自主地行动和能在异质社会团体中互动的三大核心素养；联合国教科文组织将核心素养指标体系分为"身体健康、社会情绪、文化艺术、文字沟通、学习方式与认知、数字与数学和科学与技术"七个学习领域；欧盟将核心素养指标体系分为"母语交流、外语交流、数学素养和科技素养、数字化素养、学会学习、社交和公民素养、主动创业意识和文化意识与表达"八个方面。美国、新加坡、日本和中国台湾等一些发达国家和地区都组织了有关核心素养的指标体系研究，其研究学生的宗旨都是以个人发展和终身学习为主体的课程目标代替以学科知识、技能为目标的传统体系。

近年来我国也兴起了核心素养体系方面的研究，2014年3月教育部印发的《教育部关于全面深化课程改革落实立德树人根本任务的意见》提出，教育部将组织研究提出各学段学生发展核心素养体系，明确学生应具备的适应终身发展和社会发展需要的必备品格和关键力。2016年2月教育部颁布了《中国学生发展核心素养（征求意见稿）》，意见稿指出中国学生发展核心素养包含9大素养，具体为社会责任、国家认同、国际理解；人文底蕴、科学精神、审美情趣；身心健康、学会学习、实践创新。物理核心素养是学生在接受物理教育过程中逐步形成的适应个人终身发展和社会发展需要的必备品格和关键能力，是学生通过物理学习内化的带有物理学科特性的品质，是学生物理素养的关键成分。普通高中物理学科核心素养主要由物理观念、科学思维、实验探究、科学态度与责任等方面构成。

在20世纪90年代迅速发展的一种新型学习方法E-learning，是指基于互联网进行的学习与教学活动，它充分利用现代信息技术所提供的、具有全新沟通机制与丰富资源的学习环境，实现一种全新的学习方式；这种教学方式将改变传统教学中教师的作用和师生间的关系，从而根本改变教学结构和模式。相对于传统的课堂教学方式而言，E-learning不仅拥有丰富的网络资源和多种多样的多媒体手段，而且学生学习的场所也变得自由而随意，只要是有网络的地方就可以是学习的地方，从而真正地实现了自主学习；同时学生学习的内容也可以随时更新，学生所掌握的都是最新的信息资料，避免了知识的陈旧化。由于以上种种优势，有专家提出了比较激进的观点，他们认为在未来的教学中传统教学将被淘汰，E-learning将成为唯一的学习方式。

但是，研究者们对E-learning的研究实践中，体会到它在教学上优越性的同时，也逐渐认识到它的缺陷，更多的研究者渐渐认识到传统的课堂教学本身有着不可逾越的优点。比如，在知识传授过程中更具系统性和逻辑性，教师的主导作用体现得非常明显，并且课堂上能够与学生展开互动，可以及时与学生交流，得到信息反馈，发现教学中的疑难点，进而随时调整自己的教学进程等。因此，只有E-learning和传统教学相结合，才能取长补短，发挥两者的优势，最终取得更好的教学效果。混合式教学就是要将传统的课堂教学的优势和E-learning的优势融为一体，既要突出课堂教学中教师的引领、启发、指导作用，同时又要发挥学习过程中学生的积极性、主动性、创造性，充分体现学生的主体角色。

混合式教学理论自产生起就受到了教育研究者的广泛关注，一时间成为研究的热点，研究的理论逐渐完善，研究实践也逐渐深入；如今这种混合式教学模式被广泛地应用于各种领域，如在企业培训、高校教学等方面都取得了较好的效果。在国外，混合式学习与教学已经提出了很长一段时间，并且已经得到广泛的研究、推广和应用；虽然在我国教育界混合式学习出现相对较晚，但很多研究者都对其进行了深入的研究与探讨，如北京师范大学何克抗教授、上海师范大学黎家厚教授等对混合式学习与教学进行了理论层面的研究，黄荣怀、王元彬、王莹、李克东等对混合式学习应用模式等方面的问题进行了实践探讨，等等。

可以说，现阶段研究者主要是从混合式教学的理论、内涵、模式、策略等几方面来探究的；研究成果主要应用于企业培训和高等学校的教学等；但将混合式教学理论应用到中小学、师范学校、中高职学校等范围的实践研究工作中却显得非常匮乏。目前将混合式教学理论运用于高中物理教学中的研究几乎没有，基于混合式教学理论的高中物理教学设计的探索，还没有形成系统的模式框架。课题组成员认为，随着信息技术与物理课程整合实践的逐步深入，混合式教学方式是目前实现新一轮课程改革的有效教学策略，是提高高中物理教学质量的有效途径；开展混合式教学将有利于培养和提升高中学生物理学科的核心素养。

二、课题相关概念的界定

1. 核心素养

核心素养是学生在接受相应学段的教育过程中，逐步形成的适应个人终身发展和社会发展需要的必备品格和关键能力。核心素养回答"培养什么人"的问题，关乎学生人格发展和学力发展，有助于实现从以学科为中心转向对人的全面发展的关注，为育人模式、评价方式的转型奠定了基础，指明了方向。

2. 混合式教学

混合式教学就是结合传统的课堂教学与E-learning的优势，充分发挥教师的主导作用和学生的主体作用，根据具体的教学内容、学习者特征与需要及教师自身的条件进行教学设计，从而提高教与学的效果的一种教学理论与模式。混合式教学主要在于如何混合才能最好地完成所要完成的目标，以最小的代价获得最高的收益。

3. 信息技术与课程整合

信息技术与课程整合是指在课程教学过程中把信息技术、信息资源、信息方法、人力资源和课程内容等方面有机结合，共同完成课程教学任务的一种新型的教学方式。它的基本思想包括三个基本点：以多媒体和网络为基础的信息化环境中实施课程教学活动；对课程教学内容进行信息化处理后成为学习者的学习资源；利用信息加工工具让学生进行知识重构。信息技术与课程的整合，不是被动地纳入，而是主动地适应和变革课程的过程；信息技术与课程的整合，将对课程的各个组成部分产生变革影响。

4. 现代课堂教学

课堂教学是在相对稳定的空间（教室）和时间（45分钟）内，学生在教师的指导下，把课程文本、课程资源及体验性课程结合在一起，主动学习的过程。现代课堂教学除遵循教学活动的一般规律，如"以教师为主导、学生为主体""为学而教，以学定教""少教多学"，还体现出基础性、民主性、开放性、活动性、实践性和创造性的特征，呈现出"师生互动、充满活力、展现智慧、富于创造"的课堂生命状态。

三、课题研究的理论依据

1. 建构主义理论

建构主义认为，在教学过程中，教师不仅要摈弃以教师为中心、不断向学生灌输知识的陈旧教学模式，更应重视学生自身已有的经验，并以此作为知识传授的起点，采用全新的教学方法和教学设计思想；教学不应是简单的知识传授，而应是为学生的学习创造适宜的情境，通过设计有针对性的问题促使学生主动探究；在师生、生生讨论协作的过程中，让学生进行充分的交流，丰富自己对问题的认识和理解，从而形成新的认知结构。

2. 人本主义学习理论

人本主义代表人物罗杰斯认为：学习过程要以学习者为中心；对学习者的学习过程和成绩有直接影响的因素是学习者本身的学习意愿、学习积极性、学习者的学习态度和学习者的价值观；在学习过程中，教师起促进作用；最有价值的学习是掌握学习方法，而不是单纯的学习知识。在具体的教学实践中，人本主义研究者提出：教师在教学过程中要突出培养学生个性和创造力的教学目标；课堂上重在让学生获得直接经验；教学方法上要以学生为中心，敢于让学生行使自主权，自主选择。

3. 现代教育技术基本理论

1994年美国教育传播与技术协会（AECT）对教育技术定义为：教育技术

是关于学习过程与学习资源的设计、开发、利用、管理和评价的理论与实践。综合国际上的成果和结合我国的实际，我们把现代教育技术定义为：现代教育技术就是运用现代教育理论和现代教育技术，通过对教与学的过程和教与学资源的设计、开发、利用、管理和评价，以实现教学优化的理论与实践。

4. 新的课程改革理论

新课程的培养目标中要求：要使学生"具有初步的创新精神、实践能力、科学和人文素养及环境意识；具有适应终身学习的基础知识、基本技能和方法；改变课程实施过于强调接受学习、死记硬背、机械训练的现状，倡导学生主动参与、乐于探究、勤于动手，培养学生搜集和处理信息的能力、获取新知识的能力、分析和解决问题的能力及交流与合作的能力"。为实现上述目标，课程实施过程中要"大力推进信息技术在教学过程中的普遍应用，促进信息技术与学科课程的整合，逐步实现教学内容的呈现方式、学生的学习方式、教师的教学方式和师生互动方式的变革，充分发挥信息技术的优势，为学生的学习和发展提供丰富多彩的教育环境和有力的学习工具"。

四、课题研究目的与意义

1. 研究目的

在基于核心素养培养的基础上，把传统的课堂教学和E-learning的优势相结合，具体问题具体分析，对学生进行有区别的教育，既要发挥教师的主导作用，又要充分发挥学生的主体作用，从而促进学生自主学习能力和整体学科素养的提高，进而实现物理学科教学的育人目标。

课题组将从混合式教学的理论与模式两个方面，尝试为高中物理的教与学过程探索一种新的方法和途径，从理论和实践两个角度去探索混合式物理教学的模式，从而达到全面提高物理教学效率，提升高中学生物理学科核心素养的目的。

2. 研究意义

混合式教学是在传统课堂教学和E-learning的基础上逐渐形成和发展起来的一种学习方式和教学理念，目的是综合各方面的教学优势，找到一种更优的教学方式，提高学生学习的效率，使学生能够更好地掌握所学知识。

传统的课堂教学方式是"教师+粉笔"，学习方式比较单一，教师的讲授占用课堂的绝大部分时间，学生几乎没有自己支配的时间，完全受教师的控制，学生的主动性、积极性和创造性难以得到发挥，在这种情况下，无法真正培养学生的各种能力。混合式教学模式能在一定程度上协调教师、学生与教学资源三者间的关系。

高中学生的年龄处于心理和身体逐渐成熟的阶段，心理波动的落差很大，叛逆心很强。在这个阶段，随着年龄的增长，知识的丰富，高中生能够自己独立思考问题，但对学习的自控能力还没有完全培养起来。混合式教学将开阔学生视野，极大地调动学生学习物理的积极性、主动性，激发高中生创新思维能力，同时也极大地发挥了教师的主导作用，推动了高中物理教学工作的发展。

综合以上多种原因，课题组成员对混合式教学在高中物理教与学过程中运用的教学案例进行了设计与探究，希望通过此项研究，能够在现实的教学中把混合式教学理论与学科教学融合在一起，探索混合式物理教学的模式，促进高中教育教学的发展，推动新一轮物理课程改革，同时达到提高高中学生物理学科核心素养的目的。

五、课题研究内容与方法

1. 研究内容

（1）深入探究混合式教学埋论研究，阐述混合式教学的概念、模式、理论基础。

（2）探索将混合式教学理论应用到高中物理教学中的教学设计原则、方法和实施环节、最终评价环节等。

（3）探索在混合式教学中培养学生物理学科核心素养的策略。

2. 研究方法

（1）文献研究法。查阅相关文献资料，了解前面研究者的实践经验，通过广泛学习、参考、借鉴，拓宽研究思路，为课题研究提供理论指导。

（2）案例研究法。在国内外研究成果的启发和指导下，对混合式教学案例进行分析研究，反思成败得失，并提出改进意见；通过实践检验，进一步提高研究结论的普遍意义和可借鉴性。

（3）问卷调查法。针对在课题实施前，学生的学科素养及学生学习高中物理的现状，设计问卷，找出存在的主要问题，为课题研究提供充分的事实依据，明确研究的主攻方向，提出解决问题的对策。

（4）实践经验总结法。收集分析和归纳整理出混合式教学的成功做法和有益经验，并揭示经验的实质，使之上升到理论高度，归纳出可利用和借鉴的规律性的东西，为优化物理课堂教学提供指导和帮助。

六、研究原则

本课题研究除遵循教育科学研究的基本原则外，还要从本课题特定的内容和方向出发，坚持以下几个研究原则：

（1）传承性原则：混合式教学是将传统课堂教学的优势和E-learning的优势融合为一体，既突出传统课堂教学中教师的引领、启发、指导作用，又发挥出学习过程中学生的积极性、主动性、创造性，充分体现学生的主体角色。

（2）创新性原则：既要传授物理学科知识，更要吸收现代教育技术研究成果，激发学生的好奇心、想象力和探究精神，探索适合高中物理学科教学的混合式教学模式，探索培养学生物理学科核心素养的策略。

（3）适可性原则：从实际出发，打造教师能够接受的、适合学生需要的课堂教学；真正实现为教学服务，为学生发展服务。

（4）实践性原则：研究的题目来自教学实践，研究的过程紧随教学实践，研究的结果要靠教学实践来检验，反过来又给教学实践以指导。

七、研究步骤

1. 准备阶段

（1）时间划分：2016年6月—2016年9月。

（2）达成目标：在集体讨论的基础上，确立课题内容，明确研究思路，成立课题组，完成课题研究方案的设计和论证。进行申报工作。

（3）阶段成果：填写课题申报书。

2. 实施阶段

（1）时间划分：2016年10月—2017年12月。

（2）达成目标：按既定方案组织实施，开展各项研究活动，并分阶段对课题实施情况进行检查、评估；不断完善实施方案，改进课题研究工作。

（3）阶段成果：做好问卷调查，撰写与上述研究相关的课题研究论文、中期研究报告、教学案例等。

3. 总结阶段

（1）时间划分：2018年1月—2018年5月。

（2）达成目标：撰写课题研究报告和结题报告；接受课题鉴定组终期评估鉴定。

（3）阶段成果：课题研究报告、结题报告，论文、教学案例结集。

八、预期研究成果（如表1）

表1　预期研究成果统计

序号	研究阶段（起止时间）	成果名称	成果形式	承担人
1	2016年6月—2016年9月	课题研究实施报告	实施报告	李红伟
2		课题实施现状调查	调查报告	魏勤
3	2016年10月—2017年12月	混合式教学的方法、途径和原则探讨	论文	全体成员
4		高中物理学科核心素养培养策略	论文	魏春强
5		课例、教学设计	课例、案例	李兴民 林淑英
6		课题研究中期评估报告	中期报告	罗清莲
7	2018年1月—2018年5月	混合式教学的模式探讨	论文	全体成员
8		课题研究结题报告	结题报告	李红伟

基于网络资源的中学物理混合式教学设计初探

　　近年来，随着教育信息化的迅速发展，在线学习的方式在教育领域日益受到重视。虽然在线学习具有学生可应用的网络资源丰富、享受便捷的互动交流等优势，但也要肯定，传统的课堂教学存在教师的教学引导作用明显、人格魅力影响突出、学习方法渗透显著等优势。近年来，如何把传统课堂教学和在线学习有效混合，实现优势互补，是中学教师共同关注的热点问题。混合式教学就是要将课堂教学的优势和数字化或网络化学习的优势融为一体，既突出课堂教学中教师的引领、启发、指导作用，同时又发挥学习过程中学生的积极性、主动性、创造性，充分体现学生的主体角色。

　　目前混合式教学在中学物理学科的应用实践中，大部分践行者只是停留在课堂教学和多媒体课件教学、网络教学资源库使用形式上的结合，却忽略了混合式教学的内涵和本质。在教学设计中，到底如何实现课堂教学与在线学习两种学习方式在各个层面上的有效混合，如何充分利用两种学习方式的优势互补来提高学生的认知效果等，都是需要深入思考的问题。本文结合中学物理学科特点，对基于网络资源的中学物理混合式教学设计进行初步的探讨。

一、混合式教学过程

　　混合式教学过程主要由教学分析、教学设计、课堂教学、在线教学、教学评价等主要环节构成，如图1所示。

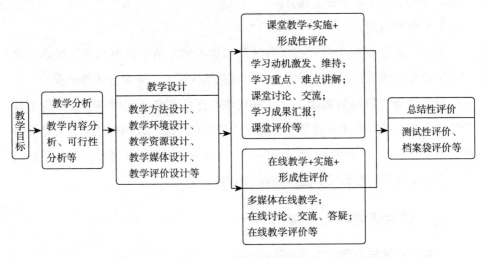

图1　混合式教学过程

二、混合式教学设计的原则

混合式教学设计中应遵循教学设计的基本原则：程序性原则、可行性原则、反馈性原则等；结合混合式教学自身特点，混合式教学设计还应强调以下三条原则。

1. 主体性原则

学生是知识的主动获得者、教学设计的执行者。在混合式教学中，学生是否发挥主动性、积极性和创造性关系到教学的成败。在物理教学设计中，要充分考虑学生的情感、认知、技能水平等特征，给出合理的教学目标，组织有效的教学活动，让学生的活动空间更广、参与机会更多。在教师必要的引导督促下，充分发挥学生的主体作用，确保中学物理教学效果的提高。

2. 主导性原则

教师发挥主导作用，是指教学过程中的方向、内容、方法和组织都要由教师来设计和决定。教师不仅要指导学生自学，而且在大多数情况下还要向学生直接传授知识，施行言传身教；教师要对教学的效果和质量负责，学生的主动性与积极性的发挥也要依靠教师来引导。教师受过专门的培养和训练，了解教学的目的、内容，掌握着教育教学的方法与技巧，教师的主导地位具有客观的必然性。同时，在混合式教学实践中常常出现教师参与度不够，学生注意力分散，学习效果不理想等问题，所以要求教师只有充分发挥教师的主导作用，才能够指明学生学习和思考的方向。

3. 评价性原则

教学评价是指对学习者的学习过程和学习结果给予价值判断。教学评价方式主要分为诊断性评价、形成性评价和总结性评价。在混合式教学设计中，要坚持在评价性原则的基础上设计好具体的评价策略，利用科学的评价工具和评价方法，把教师评价和学生自我评价整合在一起。教师对学生进行评价时要面向全体学生，对学生的学习成果要做到逐一进行评价；要及时反馈评价结果，充分发挥评价的诊断、激励和调节作用。

三、混合式教学设计探讨

1. 混合式教学中教学方法的设计

混合式教学在教学关系、教学目标、教学内容、教学过程等方面，与传统的教学方式相比存在许多不同。在教学设计中，要充分利用网络环境所特有的交互性、共享性、协作性和开放性，精心设计以学生为中心的教学方法，以达到培养学生物理学科素养的目的。混合式教学方法主要有以下几种：

课堂讲授法：通过教师系统的讲解，使学生获得大量知识的教学方式。它偏重于教师的活动，学生往往处于比较被动的接受地位，其优点是能使学生在短时间内掌握大量知识。在混合式教学中，课堂讲授法仍是最基本、最主要的一种教学方法。

任务驱动法：学生在教师指导下，在明确的任务驱动下，经过自主探究、亲身体验、协作交流，最后完成任务，达到教学目的的教学方法。

问题探讨法：在教师指导下，由全班或小组成员围绕某一中心问题发表自己的看法，进行相互学习、合作交流、集思广益，从而使学生获得知识、发展能力的教学方法。

课堂演示法：教师把课前收集的视频，制作的微课、课件、动画等展示给学生，便于学生对知识内容的把握，并从中获得启迪，找到解决问题的方法。

成果展示法：学生通过对自主探究学习过程中收集的材料进行整理和内化而形成的学习成果，如学生制作的网页、微视频、电子相册、小论文、小课件、小实验、小制作等；通过成果展示让学生获得成功的喜悦，从而激发学生学习的热情。

以上各种教学方法中，教学目标都始终贯穿于整个教学过程，而教学目标的实现都必须通过问题设置来完成，可以说问题的设计是混合式教学设计的核心。问题的设计围绕教学目标展开，是教学内容的深化与拓展；问题的设计要考虑学生固有的学习基础，能够形成逐步深入的认知阶梯；问题的设计要能够引起学生的好奇心，以激发学生的兴趣爱好，等等。

2. 混合式教学中教学环境的设计

在信息技术与中学物理课程的整合过程中，应该说网络教学、多媒体教学等虚拟环境确实给物理教学带来了新的发展空间，但应该明确，无论是传统的课堂学习环境还是虚拟的网络学习环境，在培养学生的物理技能和学科素养方面都存在各自的局限性。提出创设虚实融合的混合式学习环境的设计，目的是使教师和学生在两种不同的学习环境中充分发挥各自优势，实现虚实环境的共存互补的有机融合。传统课堂学习环境在面对面的课堂氛围中，通过师生之间、生生之间真实情感的互动与交流，让知识的建构更加人性化。网络化学习环境主要包括课件、网络课程教学资源库等知识吸收平台和邮箱、微博、博客、QQ、飞信和微信等交流互动平台。学生通过平台进行学习，实现个性化定制，学生沉浸在虚拟的物理学习环境中，在教师的引导和帮助下，最终达到有效学习的目的。

3. 混合式教学中教学资源的设计

教学资源是指为了教学的有效开展提供的素材等各种可被利用的条件，通常包括教材、案例、影视、图片、课件等，也包括从网络上获取的各种有关资源。教学资源的设计是指确定学生学习主题所需的信息资源种类和每种资源在学习过程中所起的作用，主要包括应从何处获取、如何有效利用这些资源等问题。网络教育资源形式多样、种类繁多，但很多教学资源的建设都是盲目追求数量，在设计中缺乏对师生需求的分析，缺乏教学的针对性。因此在中学物理教学设计中，一方面要重视教材及其配套练习等文本材料的重要性，另一方面要注意搜集各种形式的网络媒体素材，对素材进行整理，丰富和完善教学内容，让资源得到充分利用，实现资源共享，提高物理课堂教学效率。

4. 混合式教学中教学媒体的设计

媒体是承载信息、传播信息的手段；教学媒体指教学过程中用以运载信息、传递经验的物质手段和工具。传统的教学媒体主要包括课本、挂图、录音、录像、黑板、实物等；现代教学媒体还应包括多媒体教学系统、计算机网络教学系统等综合操作媒体。在教学设计中针对教学任务和教学目标，考虑选择使用哪些教学媒体，这些媒体能否引起学生的兴趣，这些媒体能否与学生已有的知识水平要求相符合，教师自身能否熟练驾驭这些媒体等问题。信息技术与学科整合要求现代课堂教学必须综合利用多媒体教室教学、网络互动教学平台等优势，以丰富的多媒体信息刺激学生的感官系统，突破时间和空间的限制，激发学生的学习兴趣，强化学生主动参与学习的意识；教师通过与学生展开积极的互动和情感交流，实现以学生为中心的主动学习的态势，优化教学过程，提高中学物理教学质量与教学效率。

5. 混合式教学中教学重、难点突破的设计

教学重点是指教材中最基本、最主要的具有统摄性、概括性，能举一反三，广泛迁移的知识；教学难点指的是学生难以理解和掌握的内容。解决好课程中的重、难点内容的突破，是保证学生快速掌握课程知识结构的重要措施。教师在课堂上使用预先设计好的教学媒体资源，从各个方面刺激学生的感觉器官，帮助学生理解和记忆，从而达到突破教学重、难点的目的。物理史实的回顾、经典实验的展示、物理规律的探究、物理公式的推导、物理实验的操作过程等，特别是一些无法用肉眼观察到的微观粒子世界模型等，都可以通过视频、flash动画等动态地展现出来。

6. 混合式教学中课外在线学习的设计

混合式教学是基于班级规模进行设计的，教师的课堂讲授只能满足大部分学生的一般学习需求，对于那些课堂教学无法解决或没有时间解决的问题，只有靠学生课外的自主学习和师生之间的互动交流来解决。网络互动交流有良好的异步交互的优良特性，通过邮箱、微博、博客、QQ、飞信、微信等网络互动方式，可以有效地对某个问题进行深入讨论，弥补课堂讨论由于时间、空间限制而造成的不足。

7. 混合式教学中教学评价的设计

教学评价是以教学目标为依据，按照科学的标准，运用一切有效的技术手段，对教学过程及结果进行测量，并给予价值判断的过程。教学评价包括对学生学习效果的评价，对教师教学质量的评价和进行课程评价。中学物理混合式教学中对学生学习效果的评价可分为课堂评价、网络评价两大方面。在课堂教学过程中，对学生听课回答问题情况、课堂讨论交流情况、实验参与表现情况、课堂测验考试情况等，教师要进行逐项评定，这有助于教师有效把握各阶段每位学生的学习成效，了解教学中存在的问题和不足，以便能够及时地调整和改进教学；而在线学习过程中，教师可以通过布置教学任务，对学生网上作业、学习成果展示、网上测试等进行评价，了解学生的真实学习情况，以便及时督促和引导学生提高学习效率。总之，中学物理混合式教学评价必须遵循评价内容多元化、评价方式多样化的原则，在教学过程中实行阶段性评价、形成性评价，为教学策略的随时改进、实施个别化教学提供依据，真正实现"以评促教，以评促学"的教学目标。

四、结语

在中学物理混合式教学设计中，要全方位多角度进行考虑和设想，各方面的设计要保证真正落到实处，这就对教师的教学理念、信息素养等都提出了新的要求和挑战。作为一名中学物理教师，只有不断加强混合式教学理论的学习，不断提升自身的信息素养，才能真正落实好传统课堂教学与在线学习的有机融合，才能最终适应不断发展变化的社会对教育的更高层次的要求。

参考文献

［1］杨晓东.基于Moodle平台的计算机基础课混合式教学研究［D］.山东师范大学，2010.

［2］马玉丽，张冬梅.混合式教学模式的研究［J］.青岛远洋船员职业学院学报，2016（1）：59—62.

［3］韦寿莲，裴芹，刘玲，高爱环.混合式教学模式的构建及其应用［J］.肇庆学院学报，2014（2）.

［4］詹秀菊，刘秀峰.信息化环境下混合式教学模式初探［J］.中医教育，2009（1）.

赣州市学校信息化教育技术现状调查与思考

当今社会，随着信息化教育及新课程改革的深入开展，将信息技术有效地运用到教学中，融入学生的学习中，实现信息技术与课程的有效整合，对促进教学方式、学习方式的变革，提高教学质量及创新型人才的培养都具有重大的意义。现对赣州市部分中学开展信息化教育技术情况调查，目的是为了揭示苏区学校信息化教育技术的现状和存在的问题，并对解决这些问题提出一些建议和措施，以便尽快提升苏区教师和学生的信息素养，增强教师使用现代信息技术手段进行课堂教学的能力，以及学生运用现代信息技术手段进行自主学习的能力。

一、调查方法

问卷调查法。

二、调查时间

2013年3月至2013年4月。

三、调查对象

教师与学生两大群体。

向教师发放调查问卷117份，收回问卷115份，有效问卷102份；调查对象为赣州市Q、L两所学校部分教师及全市部分物理学科教师。

向学生发放调查问卷310份，收回问卷310份，有效问卷303份；调查对象为赣州市Q、L两所学校高一、高二部分学生。

四、调查结果与说明

（一）教师部分

1. 信息技术素养概况（见表1）

表1　教师信息技术素养情况统计

内容	选项	百分数（%）
您一般通过什么途径获得信息（可多选）	A.书籍	76.5
	B.报纸、杂志	58.8
	C.电视	62.7
	D.网络	66.7
	E.其他	15.7
您认为自己具备以下哪些方面的知识和技能（可多选）	A.计算机的基本操作技能（如 Windows）	72.5
	B.文字处理等办公软件的使用（如 MS-Office）	56.9
	C.课件、网络课程编制或其他软件应用	47.1
	D.以上都不具备	13.7
您上网的主要目的是（可多选）	A.看新闻	76.5
	B.看电影、电视剧	45.1
	C.聊天	47.1
	D.收发电子邮件	43.1
	E.玩游戏	17.6
	F.查资料	39.2
	G.基本不上网	17.6
对下列术语的含义有几个是您所熟悉的（信息检索、信息污染、信息犯罪、校校通、班班通、电子书包、云计算、物联网）	A.5 个以上	31.4
	B.3 ~ 4个	39.2
	C.2 个以下	17.6
	D.都不清楚	11.8
您对自己的信息技术能力是否满意	A.满意	19.6
	B.还满意，但需要继续提高	64.7
	C.很不满意	15.7

现代社会获取信息的途径很多，人们可以通过报纸、电视、通信设备、互联网等获得新信息。由于现代信息传播手段——互联网的内容具有广泛性、即时性、便捷性，越来越成为人们获取信息的主要手段。调查中占66.7%的教师利用互联网获取信息。

13.7%的老师不会计算机基本的操作和基本办公软件的使用，更不要说制作课件和使用课件。这说明计算机广泛应用的今天，部分教师的计算机应用水平与信息化教育的基本要求还有一定的差距。

调查数据显示，教师上网的主要目的是娱乐，其次才是学习；上网查阅资料的只占39.2%。同时我们还应注意还有17.6%的教师群体基本不上网。

提供八个常见的信息技术专业术语，熟悉五个以上的还不到1/3，甚至还有11.8%的教师表示都不太清楚，这使我们认识到提高教师信息素养的迫切性。

80%多的教师有继续提高信息技术能力的要求，使我们看到了赣州市信息技术教育发展的希望。

2. 对教学过程中引入计算机辅助教学的认识（见表2）

表2　引入计算机辅助教学的认识情况统计

内容	选项	百分数（%）
您认为"信息技术的应用是占领教育改革的制高点"的提法是	A.言过其实	25.5
	B.赶"时髦"	19.6
	C.应该有这样的认识	43.1
	D.对这些理论没兴趣	11.8
您认为现代信息技术对学科教学的作用	A.没影响	25.5
	B.有一定影响	49.1
	C.影响深远	17.6
	D.作用被夸大了	7.8
您选用多媒体教室进行教学是因为	A.教学媒体比较新，比较符合现在的教学潮流	35.3
	B.学生比较喜欢在多媒体教室上课	9.8
	C.通过展示PPT，减少教学过程中的劳动强度	11.8
	D.根据教学实际需要使用多媒体教室	43.1
您对"信息技术与学科间的整合"的了解程度	A.不知道	21.6
	B.听说过，但未实践过	35.3
	C.实践过	43.1

内容	选项	百分数（%）
按您的理解，信息技术与课程整合就是	A.一种时尚，不清楚"信息技术与课程整合"是什么	17.6
	B.计算机辅助教学	25.5
	C.计算机辅助学习	15.7
	D.现代化教学的一种工具、手段，是通过将信息技术有效地整合于各学科的教学过程来营造一种新型的教学环境	41.2

认同"信息技术的应用是占领教育改革的制高点"这一观点的教师只占43.1%；认为这种观点"言过其实"，甚至是赶"时髦"的共占45.1%。看来提高教师的信息技术对教育改革的作用的认识还有待加强。

从调查的教师中发现，现代信息技术对学科教学的使用，17.6%的教师认为影响深远，49.1%的教师认为有一定影响，这反映出教师对信息技术对学科教学所起的作用还是基本认可和接受的。

43.1%的教师对选用多媒体教学还是比较理性的，会根据教学需要而使用；35.3%的教师选用多媒体教学是因为教学媒体新颖，比较符合现在的教育潮流，只是在上观摩课、公开课的情况下使用。

对"信息技术与学科间的整合"的了解程度，43.1%的教师是比较了解同时实践过，21.6%的教师表示不了解，更不用说实践了。

关于整合的概念，有17.6%的教师认为信息技术与课程整合是一种时尚，不清楚整合的具体目的；41.2%的教师认为是现代化教学的一种手段或学生学习的一种方式；41.2%的教师认为是通过信息技术有效地整合于学科的教学过程来建立的新型教学模式。

3. 教学过程中使用计算机辅助教学的情况（见表3）

表3　使用计算机辅助教学情况统计

内容	选项	百分数（%）
您学校拥有以下哪些课室（可多选）	A.普通计算机室	66.7
	B.多媒体教室	68.6
	C.多媒体网络教室	35.3
	D.多媒体阅览室	27.5
	E.以上课室都没有	5.9

内容	选项	百分数（%）
您经常使用的现代化教学设备有（可多选）	A.幻灯机	37.3
	B.录像机、录音机等	25.5
	C.计算机多媒体教室或网络教室	56.9
	D.基本不用	21.6
您最近一学期运用现代信息技术进行课堂教学的课时节数有	A.15节以上	45.1
	B.10～14节	21.6
	C.5～9节	11.7
	D.5节以下	21.6
您在教学过程中如何应用信息技术（可多选）	A.备课	49.0
	B.多媒体教学	78.4
	C.与学生网上交流、辅导	15.7
	D.用不着	3.9
您在制作课件方面的情况	A.会	35.3
	B.不会但想学	29.4
	C.不会也不想学	35.3
您在制作课件时，主要使用哪种软件制作课件	A.Powerpoint	43.2
	B.Flash	17.6
	C.Authorware	9.8
	D.其他	29.4
您学校网络教学资源建设	A.非常丰富	37.2
	B.一般	47.1
	C.匮乏	13.7
	D.几乎没有	2.0
您在教学过程中，是否愿意将信息技术整合到您的学科教学中	A.不愿意	2.0
	B.非常想，但能力有限	52.9
	C.已经实施了	45.1

　　各学校逐步配备的多媒体教室、多媒体阅览室、多媒体网络教室等为在教学过程中使用计算机辅助教学提供了硬件保证。

　　现代教学设备不仅包括多媒体教室或网络教室，还包括幻灯机、录音机、录像机、电影机等。但多媒体教室使用占主导地位，占56.9%，并有逐渐取代价格相对便宜且操作较为简便的教学设备的趋势。同时，我们还注意到有21.6%的教师基本不用教学设备，还是在实施一支粉笔、一块黑板的传统教育方式。

教师运用现代教育技术进行课堂教学，实践并不很好。一学期15节以上运用现代信息技术进行课堂教学的只占45.1%，也就是说有一半多的教师平均一周还不到一次，说明运用现代教育技术进行课堂教学远未达到普及的程度。

96.1%的教师使用信息技术来备课，能应用多媒体教学，与学生进行网上交流。只有3.9%的教师认为教学过程中用不着信息技术手段。

课件制作情况不容乐观，只有35.3%的教师会制作课件，另外在不会制作课件的教师中，有一半多根本不想学。

课件制作主要依赖于Powerpoint，形式较为单一。

教学资源指在教学中一切可以用于促进教学和优化教学的资源的总称。调查中，大部分教师（占84.3%）认为学校网络教学资源建设能够满足教学的需求；只有15.7%的教师认为学校网络教学资源建设匮乏或几乎没有，学校需要加强建设。

在教师是否愿意将信息技术整合到学科教学中，45.1%的教师已经实施了，52.9%的教师虽然暂时未实施，但态度非常积极，表示非常想将信息技术整合到学科教学中去。

4. 对教学过程中引入计算机辅助教学的评价（见表4）

表4 对计算机辅助教学评价情况统计

内容	选项	百分数（%）
您对计算机辅助教学认识情况（可多选）	A.能使教学直观	58.8
	B.能使学生增加学习兴趣	15.7
	C.能调动学生参与教学的积极性	21.6
	D.能增大教学容量	21.6
您认为影响您的计算机辅助教学开展的主要因素（可多选）	A.不能熟练操作计算机	27.5
	B.没有方便使用的计算机	27.5
	C.不知道怎样使用计算机辅助教学	39.2
	D.没有适合的教学软件	33.3
	E.计算机辅助教学影响教学进度	3.9

内容	选项	百分数（%）
您认为影响您的计算机辅助教学开展的主要因素（可多选）	F.不需要应用计算机辅助教学	3.9
	G.考试的"指挥棒"不允许过多使用	9.8
	H.领导不支持应用计算机辅助教学	0
您认为信息技术对新课程改革有帮助吗	A.很有帮助	64.7
	B.一般	29.4
	C.无所谓	5.9

调查显示，教师们对计算机辅助教学的优点有着比较系统的认识，58.8%的教师认为能使教学更直观，使学生容易理解学科知识。

在影响计算机辅助教学开展的因素上，60.8%的教师认为是因为没有方便使用的计算机或没有合适的教学软件；66.7%的教师认为是因为不能熟练使用计算机，不能很好地将计算机应用于学科教学。

5. 信息技术培训情况（见表5）

表5 信息技术培训情况统计

内容	选项	百分数（%）
您的信息技术能力主要是通过什么途径提高的	A.学生时代所学	21.6
	B.职后专门培训的	19.6
	C.自学的	58.8
学校对教师信息技术培训工作	A.不培训	11.8
	B.每学期都集中培训	35.3
	C.不定期培训	52.9
您参加有关信息技术培训的情况	A.没有必要参加	5.9
	B.工作太忙很少参加	19.6
	C.想参加，但是学校没有相关经费不派出参加	23.5
	D.想参加，但是没有此类培训机会	21.6
	E.偶尔参加感兴趣的培训	25.5
	F.经常参加培训	3.9
您认为现在迫切需要培训的信息技术内容有	A.计算机基础知识培训	31.4
	B.网络应用培训	21.6

续表

内容	选项	百分数（%）
您认为现在迫切需要培训的信息技术内容有	C.制作课件相关应用软件培训（如：Flash，Powerpoint，Authorware等）	33.3
	D.其他培训	13.7

58.8%的教师的信息技术应用能力是通过自学方式获得的，说明教师群体的自学能力较强，也说明大部分教师能自觉地提高自身的信息素养。

调查结果显示，学校把信息技术培训放在非常重要的位置，有88.2%的教师接受了学校定期或不定期的信息技能培训，仅11.8%的教师表示从未接受过学校培训。

64.7%的教师想参加有关信息技术培训，但由于各方面的原因，均没有机会参加培训；只有不到30%的教师能获得学校提供的信息技能培训机会，且学校为教师提供的培训机会要比为学校管理人员提供的培训机会少。

教师回答现在迫切需要培训的信息技术内容中，31.4%的教师选择计算机基础知识培训，33.3%的教师选择制作课件相关应用软件培训，需要网络应用培训的教师占21.6%。

（二）学生部分

1. 对计算机使用的基本情况（见表6）

表6　学生计算机使用基本情况统计

内容	选项	百分数（%）
您家中有电脑吗	A.有	50.0
	B.没有	50.0
您家里可以上网吗	A.可以	38.1
	B.不可以	61.9
您对电脑基本操作是否熟练	A.熟练	13.4
	B.一般	56.9
	C.不熟练	18.8
	D.不会用	10.9
您利用电脑输入汉字的速度	A.熟练（20字/分钟）	32.7
	B.一般（10字/分钟）	37.1

内容	选项	百分数（%）
您利用电脑输入汉字的速度	C.会但很慢	24.8
	D.不会打字	5.4
您利用电脑进行文字输入的方式	A.拼音输入法	92.1
	B.五笔输入法	2.0
	C.笔画输入法	1.0
	D.手写输入法	1.0
	E.其他	3.9
您一般在哪里使用电脑	A.学校	38.6
	B.家里	34.7
	C.同学家	6.4
	D.网吧	20.3
平日里您喜欢用计算机做些什么呢（可多选）	A.录入文档	6.9
	B.绘画（图像处理、动画制作等）	11.9
	C.学习新软件	13.4
	D.上网	41.1
	E.玩游戏	51.5
	F.其他	36.1
您认为自己具备以下哪些方面的知识和技能（可多选）	A.计算机的基本操作技能（如 Windows ）	41.1
	B.文字处理等办公软件的使用（如 MS-Office ）	10.9
	C.其他应用软件	35.1
	D.以上都不具备	36.1

50%的学生家里有电脑，有电脑的家庭大部分都可以上网，为学生在家里利用电脑进行自主学习提供了可能。

调查中，只有10.9%的同学声称自己完全不懂电脑，13.4%的同学对计算机操作非常熟练，大多数（56.9%）表示自己只是一般掌握，也就是能较好地使用计算机，但还达不到运用自如的程度。

电脑的普及，使绝大多数同学都能利用电脑进行文字输入，但整体输入速度偏慢。

现在的学生汉语拼音掌握得较好，对五笔输入法口诀记忆有一定的困难，所以92.1%的学生都是用拼音输入法进行文字输入。

20.3%的同学除了在学校和家里上网外，还会到营业性的网吧上网，这部分同学应该是教育者关注的重点。

接着调查了解的问题是：他们上网在干什么。51.5%的同学表示他们使用计算机主要是玩游戏；41.1%的同学使用计算机主要是上网。

对于当代中学生来说，电脑的基本操作是必须掌握的基本技能。调查发现，只有41.1%的学生认为自己具备计算机基本操作技能，还有36.1%的同学不能很好地使用计算机。

2. 对计算机网络操作使用情况（见表7）

表7 学生计算机网络操作使用情况统计

内容	选项	百分数（%）
您是否经常上网	A.经常上网	11.4
	B.偶尔上网	77.7
	C.不会上网	10.9
您会在网上搜索资料吗	A.不会	10.9
	B.会一点	56.4
	C.比较熟练	32.7
您上网时一般做些什么（可多选）	A 看新闻	35.1
	B.看电影、电视剧	66.3
	C.聊天	57.4
	D.收发电子邮件	12.4
	E.玩游戏	30.2
	F.查资料	49.5
您父母对您上网的看法	A.反对	17.3
	B.赞成	21.3
	C.不反对也不赞成	61.4
您认为计算机网络对您的学习的提高	A.没影响	15.8
	B.有一定影响	69.8
	C.影响深远	7.9
	D.作用被夸大了	6.5

续 表

内容	选项	百分数（%）
您认为上网是否有好处	A.有好处	19.8
	B.有坏处	13.9
	C.靠自己把握好	66.3

学生学业负担重，所以学生的上网时间是有限的，77.7%的同学表示只是偶尔上网；但我们注意到11.4%的同学表示经常上网，这部分同学有可能是逃课上网、通宵上网的群体。

相当一部分同学不会（10.9%）或会一点（56.4%）在网上搜索资料，说明学校的电脑课还要多教一些网络基础知识。

学生上网可以说大部分时间都是把电脑当作手机、电视机、游戏机。不过值得欣慰的是，我们还有49.5%的同学会在上网过程中进行资料的查阅，有35.1%的同学会在上网过程中关心了解天下大事。上网有利有弊，我们要正确引导学生上网。

21.3%的父母赞成上网，61.4%的父母认为无所谓，17.3%的父母不赞成。这可以看出，大多数父母不反对子女上网，说明当代父母对于新事物的接受能力还是很强的；但仍有一部分父母不支持子女上网，主要是怕子女因为上网沉迷于游戏而影响学习，担心子女上网受网上不良信息的影响。

从调查中发现，77.7%的同学认为上网对于学习成绩的提高有一定影响或者影响深远，说明我们要正确地认识和使用网络，把网络作为我们学习的工具，不能沉湎于网络之中。

在"上网是否有好处"的调查中，66.3%的同学表示"靠自己把握好"，说明当代中学生还是比较理性的，上网的利弊在于如何运用它，以及如何合理安排时间。

3. 对信息获取能力的自我评定（见表8）

表8 学生信息获取能力情况统计

内容	选项	百分数（%）
您从何时起开始使用计算机	A.幼儿园	5.9
	B.小学	24.3
	C.中学	69.8

内容	选项	百分数（%）
您一般通过什么途径获得信息（可多选）	A.书籍	53.0
	B.报纸、杂志	36.6
	C.电视	67.3
	D.网络	57.9
	E.其他	31.7
您认为自己的计算机网络操作是否熟练	A. 熟练	10.9
	B.一般	54.5
	C.不熟练	26.2
	D.不会上网	8.4
您的计算机知识与技能主要来自	A.自学	48.0
	B.父母教	5.4
	C.学校的课堂学习	30.7
	D.社会培训班	5.4
	E.上网吧	6.9
	F.其他	3.6
下列术语的含义有几个是您所熟悉的（信息论、信息检索、知识产权、计算机病毒、信息污染、信息犯罪、信息源、隐私权）	A.5 个以上	16.8
	B.3～4 个	56.4
	C.2 个以下	12.4
	D.都不清楚	14.4
您认为自己获取信息能力怎样	A.强	10.9
	B.一般	67.8
	C.差	21.3

小学已开设微机课，但近七成的同学反映他们是在中学时才开始使用电脑的，我们是否应该对小学信息技术教育进行反思。

调查发现，同学们获取外界信息排在第一的是电视（67.3%），其次是网络（57.9%）。

还有1/3的同学对计算机网络操作不熟练或不会上网，这提醒我们，对学生学习电脑和使用电脑的指导是教师义不容辞的责任。

在学生的计算机知识与技能掌握中，48%的同学是通过自学方式得到的，说明学生自学能力强。只有5.4%的同学表示他们是通过家长教育学习得到的，这一结果表明家长在学生学习电脑过程中起着微不足道的作用。而与此相对应的是相当一部分学生是在家里使用电脑的，如果家长完全不能发挥作用，则无法了解和控制子女使用电脑的情况，导致可能产生一些电脑使用过程中的负面影响。

对学生熟悉信息技术专业术语含义程度方面，73.2%的同学都在3个以上，说明学生的知识面还是比较广的。

学生获取信息能力方面，67.8%选一般，21.3%选差。当今社会是一个信息爆炸的时代，准确、有效地检索、获取、识别和利用信息是当今中学生应具备的基本技能，今后我们应加强这方面的培养。

4. 对多媒体辅助教学的认识（见表9）

表9 学生对多媒体辅助教学的认识情况统计

内容	选项	百分数（%）
您对信息技术的概念	A.知道	19.8
	B.不太知道	68.8
	C.不知道	11.4
您班级的任课教师经常使用的现代化教学设备有（可多选）	A.幻灯机	18.3
	B.录像机、录音机等	15.3
	C.计算机多媒体教室或网络教室	51.5
	D.基本不用	35.6
您认为利用多媒体辅助教学与传统教学相比	A.掌握知识较快，记得牢	48.0
	B.效果差不多	26.2
	C.没有传统教学效果好	5.4
	D.不好比较	20.4
您对多媒体辅助教学课的喜欢情况	A.喜欢	83.1
	B.不喜欢	12.9
	C.从来没有	4.0

凡是能拓宽人的信息渠道的技术，都是信息技术，主要是指利用电子计算机和现代通信技术手段实现获取信息、传递信息、处理信息、存储信息等目标的相关技术。80.2%的同学不知道或不太知道信息技术概念，反映出学生对信息技术的理解不够全面。

51.5%的同学选择了所在班级任课教师经常使用计算机多媒体教室或网络教室。说明随着信息技术的推广，信息技术正一步步进入课堂，广大教师越来越重视应用多媒体辅助教学；信息技术的发展对实现教育教学目标具有重大的影响。

48%的同学认为多媒体辅助教学与传统教学相比，掌握知识较快，记得牢。说明多媒体教学是现代信息技术与课堂结合的一种新的教学形态，不仅从手段和形式上改变了传统教学，更从观念、过程和方法上给予教学新的含义。

从多媒体辅助教学效果来看，83.1%的同学喜欢教师使用多媒体进行教学，说明教师使用多媒体上课有助于调动课堂气氛和学生学习的积极性。

五、分析与结论

1. 关于学校硬件设备和教学资源利用方面

接触信息技术的程度直接决定了教师信息技术的应用水平。部分学校缺乏足够的计算机硬件设备，会减少教师接触设备的机会，限制了教师更好地将信息技术应用于学科教学；部分学校虽然有足够的计算机硬件设备，但由于学校组织管理不充分，教师也接触不到学校的信息技术设备。这些都制约着教师应用水平的提高。

有些学校对课程教学资源缺乏正确的规划，虽然购置了大量的资源，但能够成为教师所用的软件和素材的却很少。由于缺乏教师个体化的资源，导致教师在教学过程中无法很好地将这些资源利用起来。

教师们在应用信息技术的过程中，会碰到一些技术本身的困难，如果学校无法及时帮助解决，使得计算机不能正常运行，必将导致良好的教学设计无法顺利实现，这也将影响教师们应用信息技术的积极性。

2. 关于教师的信息意识与态度方面

调查中发现，大部分教师具有现代的信息意识，能够以积极的态度对待信息技术并运用于教学实践中。但是，教师的信息意识，特别是使用多媒体计算机或网络辅助教学的态度上尚需加强与提高，部分教师往往认为信息技术并不能改善和加强学习，不能充分意识到应用信息技术给学科教学带来的益处，由此导致这部分教师不太愿意在学科教学中应用信息技术。

3. 关于教师的信息应用能力方面

整体而言，教师的信息能力不容乐观，大多数教师对基本的信息技术较为熟悉，但对较高层次的信息技术的掌握与对信息的整合能力较差，在教学活动中，仍然有为数不少的教师没有把信息意识真正转化为行动，运用网络资源、自己制作课件的能力有待进一步提高。同时应注意，有部分教师，特别是年纪较大的教师非常担心在使用信息设备时，"出现故障了，不知道该怎么办"，从而不愿意在教学中应用计算机。

4. 关于教师信息技术的培训方面

广大教师迫切需要对多媒体课件与网络课件的设计与开发、信息技术与课程整合的理论与方法等方面进行培训。但目前的培训渠道不畅通、培训方式不合理，教育主管部门期望教师能够在完成既定教学任务的前提下利用自己的时间参与培训；教师有良好的参与培训的愿望，却"没有足够的时间来实践和接受培训"。

5. 关于引导学生利用网络学习方面

熟悉基本计算机操作的学生，一旦接触网络，往往想到的不是学习而是游戏、电影之类的东西，致使会上网的学生白白浪费时间，甚至有一些学生浏览不良信息网站。对此，教师应给予正确引导，权衡利弊，引导学生合理利用网络，通过网络学习，提高自己的学科成绩，促进自己身心健康成长。

信息技术应用于学科教学，是教育手段的重大变革，必将促使教学观念、教育方法的改变，促进师生信息素养、创新能力的提高；然而赣州市信息化教育技术建设还处于比较落后的水平，与经济发达地区相比还有相当大的差距，这需要我们的努力与社会各界的大力支持。

参考文献

[1] 杨威，马丽娟.当代青年学生网络素质的现状分析与培育途径之探讨[J].现代远距离教育，2011（1）.

[2] 刘润英.中小学教师信息素养及其培养策略探析[J].当代教育论坛，2008（10）：103—104.

[3] 林万新.河北省中小学教师信息素养的调查研究[J].中国电化教育，2008，260（9）：28—31.

第二章

新课标研究

2

核心素养下的物理课堂教学三大转变

随着《普通高中课程方案和语文等学科课程标准（2017年版）》的颁布，中国学生发展核心素养正式进入实施阶段。如何确保核心素养在学科课堂里生根发芽，是当前新课程标准实施的最重要的环节，这必将引发一轮新的课堂教学改革。高中物理课程是普通高中自然科学领域的一门基础课程，旨在落实立德树人根本任务，进一步提升学生的物理学科核心素养，为学生的终身发展奠定基础，促进人类科学事业的传承与社会的发展。高中物理课堂教学要适应新课标、新高考的需要，让学生核心素养的培养真正落到实处，必须实现以下三个方面的根本转变。

一、课堂教学内容的转变

在新的高中物理课程标准中，课程结构将由原来的必修和选修，改为必修、选择性必修和选修三个部分。必修课程3个模块，每个模块2学分，共计6学分，是全体学生必须完成的学业；必修课程学完后，学生可参加用于高中毕业的学业水平合格性考试。选择性必修课程3个模块，每个模块2学分，共计6学分，是参加高考选考物理的学生必须完成的学业；选择性必修课程学完后，学生可参加用于高等院校招生录取的学业水平等级性考试。选修课程3个模块，每个模块2学分，共计6学分，是学生自主选择学习的课程，包括国家设置的拓展提高型课程和校本课程，学校可根据实际情况开设选修课程，自主考核。

课程内容的变化，必将引起教学实施观念的改变。高中物理新课程标准要求注重活动即实践、过程即学习，把活动和过程作为达成目标的路径，充分体现了以核心素养培养为目的的课程改革基本理念。《普通高中物理课程标准（2017年版）》将课程目标凝练为物理观念、科学思维、科学探究、科学态度与责任四个方面的学科核心素养。这一目标充分体现了高中物理课程独特的价值优势，最终指向培养具有理想信念和社会责任感，具有科学文化素养和终身学习能力，并成为自主发展能力和沟通合作能力的新时代公民。依据课程内容、课程目标的变化，建议在核心素养下的高中物理课堂教学与设计中，重视创设情境教学，从情境中发现和提炼问题，重视科学探究能力的培养和信息技术的应用，充分体现物理课程的育人功能，落实立德树人根本任务的要求。

二、课堂教学方式的转变

在新的课程标准的表述中，学科教学目标由原来的双基目标、三维目标调整为核心素养目标。素养培育不同于能力培养，更不同于知识传授，其要求课堂教学方式要实现新的转变，由知识本位向育人本位转变。高中物理课堂教学方式的转变主要表现在以下两个方面：一是转变教师的教学观念，二是转变学生的学习观念。

1. 转变教师的教学观念

核心素养下的高中物理课堂教学要求教师要摒弃"教师讲，学生听；教师问，学生答"的讲授法教学形式，实现"先学后教""以学定教"，把课堂变为学堂，师生互补，教学相长，变线性传递为互动传递，实现师生的共同提升；把时间还给学生，把方法教给学生，重视激活学生主动学习的动力，重视提升学生自主学习的能力；让学生站在台前尽情地说、教师站在旁边认真地听；在任务驱动下，师生共同参与，变学生被动学习为主动学习；教师不仅传授物理学科知识，更培育学生物理学科素养；不仅教给学生方法，更培养学生终身学习的能力。这些都需要教师在教学过程中不断地转变课堂教学观念，改变课堂教学方法。

2. 转变学生的学习观念

核心素养下的高中物理课堂教学要求学生改掉一味听讲的习惯，更多地积极主动地参与到课堂教学中去，变听老师讲为自己主动地学，"请你暂时不要将结果告诉我，让我自己先做一做""能不能做得到，试试就知道"。目前的导学案教学、探究式教学、参与式教学、任务驱动式教学等教学模式，实质上都是让学生自主学习、自主探究，在学习中发现问题、解决问题，师生在学习中共同成长，解放学生的同时解放教师，将课堂还给学生，真正达到提高课堂教学实效的目的。这些都要求学生的学习观念、学习方法必须得到切实转变。

三、课堂教学角色的转变

1. 教师角色的转变

随着课程改革的不断深入和教育教学理念的不断变化，教师的课堂角色定位也在不断发生转变，这个转变体现在以下四个方面。

（1）教师由教学的实践者转变为实践教学的研究者。长期以来，教师较多地将自己定位在实践者的角色上，常以教书匠自居。教书匠是按照他人的设计方案按部就班地去进行操作，更多考虑的是如何让自己的操作更加熟练，并不需要动用自己多少智慧。在新课程标准的实施过程中，教师会碰到各种各样的新情况、新问题，这些新情况、新问题对许多老师而言，没有现成的答案，甚至没有可供借鉴的经验，这就要求教师应从教学的实践者向实践教学的研究者转变。教师转变为研究者，并不是说要求教师像专业的研究人员那样去有所发现、有所发明，去研究某个课题，去著书立说，而是要求教师解决教学中碰到的实际问题，从而提升自身的教学水平。具体地说，就是要教师研究新课标，研究新教材，研究在课堂教学过程中如何开展各种教学活动，如何优化课堂模式，使课堂真正成为民主、和谐、开放和具有活力的课堂。在此需要强调一点，教师的研究应注重通过教学日志、教学反思、教学案例等形式来反映自己的教学成果、研究成果。

（2）教师由学生学习的管理者转变为学生学习的引导者。核心素养下的高中物理教学主张教师与学生建立对话的民主关系，而不是单一地对学生行使管理者的职能，教师切实做到尊重学生的人格，走进学生的心理世界。教师不应仅仅把知识通过讲授的方式告诉学生，更应对知识进行批判性的分析，将知识转化为与学生交往与对话的素材，转化为学生探究的问题或问题情境，教学的过程应是师生间共享智慧、彼此对话的过程。教师应将自身定位为引导者，甘心做学生成长的引路人，给学生创造一些机会，让他们自己去把握，给学生设置一些问题，让他们自己去解决；在教学过程中，教师要在关键的地方巧设问题和情境，唤醒和激活学生内在的潜能，碰撞和激起学生思维的火花，捕捉和挖掘学生学习的灵感。

（3）教师由课程实施者转变为课程开发者。核心素养下的高中物理教学主张教材是一种教学的资源，是一个文本，不是像以往把教材作为蓝本，而是将教材作为教师和学生解读、加工的对象之一，实质是从教教材向用教材教的转变，这就给教师的课程开发提供了巨大的空间。课程开发理念要求教师根据学生的实际情况，依据自己对课程的理解及自己的教学经验、教学风格等对课程进行二次开发；开发是一次备课的过程，是一次教学设计的过程，开发的结果就是自己的教学设计。

（4）教师由课堂教学的设计者转变为课堂教学的创造者。以往的课堂教学更多是在教师的主导下淋漓尽致地展现教案设计的过程，评价一堂课的好坏也主要是看教案的执行情况，以及教学任务的完成情况。核心素养下的高中物理教学要求教师将注意的焦点集中在培养学生学科素养的目标上，要求课堂上师生之间、生生之间，有互动、有交流、有对话、有沟通，通过师生之间平等、合作的对话式教学，把学生从被动学习中解放出来，让他们真正成为学习的主人。在新课标指导下的课堂教学中常常会出现一些意想不到的情景，会出现一些不可预期的新情况、新问题、新矛盾，这就需要教师动用自己的智慧和自己的教学机智来解决课堂上各种突发性的问题。可以说，在新课程标准实施中，在推进高效课堂中，课堂的复杂性会大大增加，教师很难再以以往简单化的行为来处理课堂复杂的事件，这对教师是一个新的挑战；这就要求教师掌握新课程改革的理念，将这些理念外化为自己的课堂教学行为，在此基础上不断反思总结，积累经验，形成新的教学智慧。

2. 学生角色的转变

核心素养下的高中物理教学更加注重学生能力的培养，注重培养学生的主动求学意识，注重学生的个体发展。新高考形势下的分层教学、走班制和学生职业生涯规划等，都在尝试最大限度地满足学生的个性化发展，满足学生的选择性，让学生真正成为学习的主体，成为学习的主人。作为学生要做到以下三个方面的转变。

（1）学生由倾听者转变为提问者。在传统教育模式中，教师处于主动和支配地位。在教学活动中，学生都是倾听的对象，教师把学生当成承载知识的容器，而不是知识的积极获得者。学生在整个教与学的过程中，始终处于从属地位，缺乏主动意识。这种传统的教学方式导致学生经常放弃自己的见解而追随教师的观点。核心素养下的高中物理教学要求让学生带着问题进课堂，带着问题去学习，使问题成为课堂的主线。教师回归为答疑解惑者，学生由要我学变成我要学，进而成为我会学、轻松学的提问者。

（2）学生由知识被动的接受者转变为主动的获取者。传统教育中，大多数学生缺乏学习动机和兴趣，学习目的不明确，不能够积极主动地参与学习活动，不能够深入思考学习内容，教师是知识的唯一拥有者，学生是等待的被灌输者；学生完全处于被动状态，放弃了作为一个主体者思考、探索的权利。在核心素养下的物理课堂教学中，教师和学生的观念都发生了巨大的变化，学生主体性得到了发挥，学生可以与教师平等交流；教师要调动学生的积极性、主动性和创造性，引导学生积极参与到教学的各个环节，鼓励学生大胆质疑，勇于探究，促进学生思维、情感等方面的发展，在参与教学中学生学科素养得到提升。

（3）学生由知识的获得者转变为知识的发现者。随着知识的更新速度加快，以被动型和接受型为主的传统学习方式日益暴露出弊端，取而代之的必将是主动参与、探究发现的学习方式。在当今信息时代，个体的创造能力和创造意识显得更为重要，而创造能力和意识的培养以探究和发现为其关键特征。现代信息技术发展使人们获取信息更加便捷，真正达到了"秀才不出门，便知天下事"的境界，为探究和发现式学习方式提供了可能，为学生的自主发现、自主探究创造了条件，为学生的发散性思维、创造性思维培养提供了沃土，学生通过网络可以自己收集资料，发现问题、思考问题、解决问题，在这种探究与发现的过程中，提高了问题意识能力，为自身终身学习奠定了坚实的基础。

新课程标准的实施关键在课堂，立德树人的教育目标只有通过课堂教学才能够实现。要让学生核心素养在高中物理课堂教学中得到落实，改革物理课堂教学方式、转变师生教学观念势在必行；以新课程标准提出核心素养培养要求为契机，以高中物理课堂为主阵地，推动课堂教学内容、课堂教学形式、课堂教学角色的转变，必将为高中物理课堂教学注入新的活力。

参考文献

［1］中华人民共和国教育部.普通高中物理课程标准（2017年版）［S］.北京：人民教育出版社，2018.

［2］杜淑隆.试析新课程理念中教师角色的转变［J］.考试周刊，2014（15）.

［3］周晓菊.物理教育中教师角色的转换［D］.天津师范大学，2007.

借助物理学史　达成育人目标

《普通高中物理课程标准（2017年版）》指出：物理学应关注科学家在科学探索过程中所凝练、升华的科学思维方式和科学研究方法，让学生学习科学家的科学思维、研究方法及科学态度等。这体现了修订版课程标准对物理学史的关注，体现了物理学科学习中对培养科学思维和方法的重视。

物理学史是物理学发生和发展的记录，记录了物理知识的建立和发展过程，蕴含着物理学家研究自然界的科学方法和科学思想，体现了物理学建立过程中物理学前辈们的科学智慧与科学精神等。在物理教学中融入物理学史，对激发学生学习兴趣，促进学生形成物理观念、培养科学思维、开展科学探究、树立科学态度与责任等方面有着良好的作用。因此，作为一名中学物理教师，在教学过程中应重视物理学史的合理渗透，充分挖掘物理学史的育人价值，培养和提升学生的核心素养。

本文以天体运行规律发现过程中的物理学史为例，发掘物理学史的育人价值。

一、教材编排分析

人教版教材在编排天体运行规律发现过程内容中，首先详细介绍了托勒密的地心说、哥白尼的日心说、第谷的观测和开普勒行星运动定律；然后将行星运动轨道简化为圆，应用牛顿运动定律和开普勒行星运动定律导出太阳与行星的引力公式 $F=GMm/r^2$；再进一步延伸到宇宙，建立了适用于自然界中任何两个物体的万有引力定律，同时介绍卡文迪许巧妙测定引力常量的方法及意义。通篇内容体现了坚持真理、勇于创新和实事求是的科学态度与科学精神，展示了物理学家们的科学智慧、科学思维和科学方法。教材编排顺序归纳如下：

托勒密提出地心说——→哥白尼确立了日心说——→开普勒三定律——→太阳与行星引力——→月-地检验——→万有引力定律——→卡文迪许测定引力常量。

二、挖掘物理学史的育人功能

（一）借助物理学史，帮助学生掌握科学探究的过程和方法

科学探究是指基于观察和实验提出物理问题、形成猜想和假设、设计实验与制订方案、获取和处理信息、基于证据得出结论并作出解释，以及对科学探究过程和结果进行交流、评估、反思的能力。学生在学习中的探究与科学家进行研究的科学探究在本质上是一致的，都要经历提出问题、猜想假设、收集证据、解释评价、交流推广等环节，只不过"科学家是为了求知而探究，而学生探究是为了求知"。教师在物理教学过程中选择物理学史上著名的实验或发现案例，经简化、设计，形成富有启发性的材料，让学生追踪当年科学家的发现思路，模拟科学家的发现过程，领会科学家的思维方法，帮助学生掌握科学探究的过程和方法，达到培养和提升学生核心素养的目标。在天体运行规律发现过程中的科学探究案例归纳如下：

例1： 推导太阳与行星引力

发现问题：开普勒发现行星运动规律后，人们开始更深地思考：为什么行星围绕太阳运动？

猜想假设：伽利略、开普勒、笛卡尔都提出过太阳对行星引力的大小与行星到太阳的距离有关。牛顿时代的科学家胡克、哈雷等甚至推导出了如果行星的轨道是圆形的，它所受到的引力大小跟行星到太阳的距离的二次方成反比。

简化模型：行星的运行轨道按照圆形来处理。

演绎推理：根据牛顿第二定律、开普勒定律、圆周运动知识、牛顿第三定律和行星与太阳地位平等性进行推导。

得出结论：行星和太阳之间的引力跟两者的质量乘积成正比，跟行星到太阳距离的平方成反比。

例2： 重力与月球围绕地球运动的向心力是相同性质的力

发现问题：不管在最高的建筑物上，还是在最高的山顶上，都感受到重力的作用，那么重力必定能够延伸到很远的地方，它会不会作用在月球上。

猜想假设：如果月球受重力作用，那月球为什么不往下落？月球是由于受到重力作用，才围绕地球运动。

实验验证：

（1）"大炮"理想实验：从高山上抛出一个物体，抛出物体的速度越大，水平距离越远；当抛出物体的速度足够大时，物体将绕地球运动而不会落到地面上。

（2）设想有一个小月球非常接近地球，以至于几乎触及地球上最高的山顶，使这个小月球绕地球运动的向心力应该与它在山顶处所受的重力相等；若小月球突然停止绕地球运动，它应该与山顶处的物体一样以相同的速度下落；如果所受向心力不是重力，则小月球将在这两种力的共同作用下以更大的速度下落，这与现实经验不符。

得出结论：月球由于受到重力作用，才围绕地球运动；苹果落向地球所受的力与月球绕地球运动所受的作用力是同一性质的力。

例3：牛顿探究万有引力

发现问题：使月球绕地球运动的重力与行星围绕太阳运动的引力是否属于同种相互作用力？

猜想假设：月球绕地球运动的重力与行星围绕太阳运动的引力是同种相互作用力。

演绎推理：进行"月–地"检验。地月距离是地球半径的60倍，地面上的物体重力加速度是月球绕行加速度的3600倍，符合平方反比定律。

得出结论：月球绕地球的作用力和行星绕太阳的引力都满足平方反比定律，它们是同一种力，都为引力。

推广结论：自然界中任何两个物体都存在相互吸引的引力，都符合 $F=GMm/r^2$。

（二）借助物理学史，帮助学生提升科学思维能力

科学思维是从物理学视角对客观事物本质属性、内在规律及相互关系的认识方式；是基于经验事实建构理想模型的抽象概括过程；是分析综合、推理论证等科学思维方法的内化；是基于事实证据和科学推理对不同观点和结论提出质疑、批判，进而提出创造性见解的能力与品质。让学生熟悉科学家发现规律的思维过程和研究方法，比学习掌握物理知识、物理技能更为重要。因此教师在平时的教学过程中，要有意识地渗透科学思维、科学方法的教育，让学生在学习中潜移默化地得到科学思考方式的培养。在天体运行规律发现过程中蕴含丰富的科学思维和科学方法，归纳如下：

1. 物理模型思维

自然界中的物理现象和物理规律一般都是比较复杂的，涉及许多因素，为了突出事物的本质特征，在处理问题时往往会采取舍弃次要因素，抓住主要因素的方法，对物理现象进行科学抽象处理，使复杂问题简单化，这就是构建物理模型过程；构建物理模型是研究问题的一种科学思维方法。行星绕太阳运动的轨道是椭圆轨道，但由于高中阶段学生知识基础不够，因而在探究万有引力定律时，对行星运行轨道进行了模型简化处理，将行星绕太阳运动的轨道近似看成圆形轨道。但必须明确的是，牛顿是在椭圆轨道中推导得出万有引力定律。在探索天体运行规律的过程中，由于天体的大小远小于天体之间的距离，所以把天体简化为有质量而没有大小的点——质点，质点是高中物理提出的第一个理想化模型。

2. 逻辑性思维

逻辑思维是一种确定的，前后一贯的，有条理、有根据的思维；在逻辑思维中，要用到概念、判断、推理等思维形式和比较、分析、综合、抽象、概括等方法，而掌握和运用这些思维形式和方法的程度，就是逻辑思维的能力。牛顿推导太阳与行星引力满足平方反比定律，充分体现出演绎推理思维的魅力；牛顿通过两个理想实验，验证苹果落向地球所受的力与月球绕地球运动所受的作用力是同一性质的力，更展现了实验与逻辑推理的和谐、完美的结合。

3. 对称性思维

对称是自然界中存在的一种普遍现象，是两个物体之间或一个物体之内在大小、形状和排列等方面存在着一一对应关系的现象；在研究物理现象或物理规律时，从事物的对称方面去思考问题、解决问题，就是对称性思维。通过演绎推理得到太阳对行星的引力与行星质量成正比，与行星和太阳距离的二次方成反比；然后根据对称性思维，太阳吸引行星，行星必然吸引太阳，行星吸引太阳引力的大小应该与太阳的质量成正比，与太阳、行星距离的二次方成反比，进而得出太阳与行星间的引力满足$F=GMm/r^2$关系。

4. 批判性思维

真理只是在某个特定的条件、特定的范围、特定的时期成立的，科学中没有永恒的定律和理论。教师要明确随着对物质世界认识的深入、拓宽，相应的科学理论将不断地发展和完善，教师通过讲授物理学发展的脉络和一些物理定律的演化历史，可以培养学生的批判精神，让学生不要墨守成规，不要被已有的知识所约束，遇到问题敢于怀疑，敢于突破。正是由于哥白尼怀疑托勒密"地球是宇宙的中心，是静止不动的，太阳、月亮及其他行星都绕地球运动"，才最终提出了日心说；也正是由于开普勒质疑"天体做匀速圆周运动"的观念，才终于发现了关于行星运动的椭圆轨道定律。

5. 放大法

物理实验中常常遇到一些微小物理量的测量，为提高测量精度，常需要采用放大的方法，即选用合适的测量装置对被测量的物理量进行放大测量。卡文迪许设计的扭秤实验装置，从小镜反射光点在刻度尺上移动的距离求出石英丝的扭转角度，就是一种常用的光学放大法。

6. 转换法

在保证效果相同的前提下，将不可见、不易见的现象转换成可见、易见的现象；将陌生、复杂的问题转换成熟悉、简单的问题；将难以测量、测准的物理量转换为能够测量、测准的物理量的方法叫转换法。卡文迪许在测量万有引力常数时，由于万有引力极其微小难以测量，先转换为测量石英丝的扭转角度，再转换为测量小镜反射的光点在刻度尺上移动的距离，这就是将难以测量的物理量转换为能够测量的物理量的典型事例。

（三）借助物理学史，帮助学生加深对物理观念的理解

物理观念是从物理学视角形成的关于物质、运动与相互作用、能量等的基本认识；是物理概念和规律等在头脑中的提炼与升华；是从物理学视角解释自然现象和解决实际问题的基础。天体运行规律发现过程中的物理观念体现在以下几个方面：

1. 物质观念

自然界中任何两个物体之间都存在相互吸引的引力，引力间的作用是通过引力场来实现的，引力场看不见，摸不着，但产生的效果是苹果落地、月球绕地球运动和行星绕太阳运动，说明引力场是一种客观存在的物质。

2. 运动与相互作用观念

宇宙中一切事物现象的变化与过程都是运动的，运动是绝对的，静止是相对的；自然界中任何两个物体之间都存在相互作用，太阳吸引行星，地球吸引月球……正是由于运动的多样性、物体相互作用的普遍性，才构成了多姿多彩的世界。

3. 能量观念

不论是月球绕地球运动、行星绕太阳运动，还是苹果落地，引力势能与动能之和（即机械能）是守恒的，机械能守恒定律是能量转化与守恒定律的一个特例。能量的转化与守恒是物理学的一条主线，能量观的教学能培养学生合理开发与运用能源的意识，促使学生养成节约能源意识。

（四）借助物理学史，帮助学生树立正确的科学态度与责任

科学态度与责任是指在认识科学本质，认识科学、技术、社会、环境关系的基础上，逐渐形成的探索自然的内在动力，严谨认真、实事求是和持之以恒的科学态度，以及遵守道德规范，保护环境并推动可持续发展的责任感。科学态度与责任决定一个人的价值观念、道德观念和工作作风，是中学物理学科教育的重要目标，是"培养什么样的人"的落足点。教学过程中，应注意挖掘科学家在研究过程中的优秀品质，认识万有引力定律发现的重大意义，树立学生严谨认真、实事求是、持之以恒的科学态度，培养学生为社会服务的强烈责任感，从而为学生终身发展奠定基础。在天体运行规律发现过程中体现的科学态度、科学精神可归纳为以下几个方面：

1. 怀疑批判精神

哥白尼研究天体运动时，是神学占统治地位、地心说不容动摇的年代，哥白尼不顾教会的反对，坚持研究天文学的行星体系问题。他经过长期的天文观测和探索，创立了更为科学的宇宙结构体系——日心说，这体现了哥白尼不迷信权威，敢于怀疑批判的精神。开普勒在研究行星运行规律之初，也认为火星做的是匀速圆周运动，但他通过深入研究发现太阳并不在圆心上；他又假定了火星运动是按偏心圆轨道，但最终没能找到偏心圆的圆心位置，于是他勇敢地抛弃旧观点，另辟蹊径，毅然抛掉了"匀速圆周运动"的老观念，开始考虑火星的轨道是椭圆形，终于发现了行星运动的轨道定律。

2. 求实创新精神

伽利略在《关于托勒密和哥白尼两大世界体系的对话》中首次创新地讨论了地球自转会不会引起落体偏西、飞鸟落后、大炮不准、地球散架等问题，这些都体现了伽利略的创新精神。牛顿为了解决引力问题，创造了微积分等新颖的数学工具。卡文迪许用于测量万有引力常量的扭秤装置，通过巧妙的测量转换和放大，测出了在实验室难以测量的极其微小的万有引力常量G，这一巧妙的设计更是凝聚着美妙的创新思维，从而使得在万有引力定律应用方面获得了历史性的突破。

3. 科学献身精神

从物理学史来看，物理学发展的历程不是一帆风顺的，物理学家们付出的辛勤劳动是世人难以想象的；这不仅是一个充满艰辛的智力跋涉，甚至有的科学家为了捍卫真理而牺牲了自己的生命。意大利的布鲁诺在支持宣传哥白尼的日心学说的同时，发展了日心学并提出了自己的观点：宇宙是无限的，在太阳之外还有无数的世界；他的学说有力地冲击了宗教关于宇宙有限、地球中心的教义，因而他也受到了教会的残酷迫害；7年的牢狱生涯体现了他英勇顽强、毫不妥协、视死如归的精神。1600年2月17日，教会以极其野蛮的手段，将布鲁诺活活烧死于罗马的百花广场。被誉为"近代科学之父"的意大利科学家伽利略，也因为捍卫和宣传哥白尼日心学说，同样没能逃离教会的迫害，《关于两个世界体系的对话》被列为禁书，伽利略被终身监禁。

4. 合作继承精神

开普勒和第谷之间的协作是合作精神的典范。第谷是一位精于观测而短于理论分析的科学家，他在20多年里辛勤地观测和记录了行星的位置和运行情况，积累了大量精确的天文资料。开普勒因为视力不佳，没有第谷那样的观测才能，他被聘为第谷的助手后，开始从确定火星的轨道入手整理第谷的大量资料，经过多年的尝试性计算，终于寻找到了用数学形式表达的行星运动三大定律。在牛顿的引力研究中，胡克、伦恩、哈雷等都作出了重要贡献，胡克很早就觉察到引力与重力是同样的本质，在写给牛顿的信中提出引力反比于距离的平方的猜想；在1679年，胡克、伦恩推导得出了作用于行星的引力与它们到太阳的距离的平方成反比关系的结论。万有引力定律的发现，实际上是牛顿概括总结了前人的成果，创立的地面力学和天体力学统一的严谨理论，是物理学史上知识与方法的一次伟大综合。牛顿说："如果我所见到的比笛卡尔要远些，那是因为我站在巨人的肩膀上。"这句话充分说明了继承与发扬的重要性。

5. 执着追求精神

牛顿从开始研究万有引力，用了整整21年时间，克服了重重困难，持之以恒、严肃认真、一丝不苟，最终发现了万有引力定律。开普勒花了16年的精力整理第谷观察的数据，设想了19种可以想象的轨道，在此期间，开普勒经历了贫病交加、妻子去世、孩子夭亡的痛苦，经受宗教迫害、母亲被拘禁的苦难；为此他在获得了行星运动三定律后，欣喜若狂地写道："16年了，我立志要探索，……我终于走向光明，认识到的真理远超出我最热切的期望。如今木已成舟，书已出稿，至于是否现在就有读者，抑或将留待后世？正像上帝已等了观察者6000多年那样，我也许要整整等上一个世纪才会有读者，对此我毫不在意。"

总之，在当前的物理教学中，作为教师要有意识地借助物理学史的教育，让学生模拟体验物理学家的发现思路，经历物理学家的发现过程，领会物理学家的思维方法，促进学生核心素养的培养。正如我国著名物理学家钱三强所说："物理学发展史是一块蕴藏着巨大精神财富的宝地。这块宝地很值得我们去开垦，这些精神财富很值得我们去发掘。如果我们都能重视这块宝地，把宝贵的精神财富发掘出来，从中吸取营养，获得教益，我相信对我国的教育事业和人才培养都会是大有益处的。"

参考文献

［1］中华人民共和国教育部.普通高中物理课程标准（2017年版）［M］.北京：人民教育出版社，2018.

［2］陆良荣.渗透物理学史教育，提高课堂教学效益［J］.物理教师，2017，38（6）：22—24.

［3］赵塞君.物理学史与高中物理教学相结合的研究［J］.物理教学，2017（05）：76—78.

［4］王较过，王娟.物理学史对物理三维教学目标的促进作用［J］.重庆教育学院学报，2011（5）：11—15.

［5］杜爱慧.物理学史与科学素养目标的实现［J］.物理教师，2010，31（11）：19—20.

融入物理学史　提升科学本质观教育

——以库仑定律为例

一、问题提出

　　HPS是科学史、科学哲学与科学社会学的英文缩写。HPS教育提出至今已有100多年的历史，以美国为首的一些国家在20世纪80年代相继推行HPS教育，以此来促进科学教育的发展。近年来，我国的HPS教育研究也得到了发展，并取得了较大的成效，达成了共识。即HPS教育有利于学生对科学概念、科学规律的理解；有利于学生探究精神与创新思维的培养；有利于学生对科学本质的认识；有利于学生科学素养的提高。

　　《普通高中物理课程标准（2017年版）》提出高中物理课程目标：高中物理课程应在义务教育的基础上，进一步促进学生物理核心素养的形成和发展。构成物理核心素养的四个方面：物理观念、科学思维、科学探究、科学态度与责任；其中科学态度与责任是指在认识科学本质，认识科学、技术、社会、环境关系的基础上，逐渐形成的应有的科学态度和社会责任感。课程标准明确指出，科学本质是高中物理核心素养的重要内容，说明对科学本质教育的重视，这一点与HPS教育理念是相吻合的。

　　科学本质主要指科学知识及科学知识发展过程中固有的价值观和假设。目前对科学本质究竟包含哪些方面的内容依然存在争议，达成共识的内容主要有以下几个方面：科学具有暂时性、创造性、观察和推理性、主观性、社会和文化嵌入性及实证性等。物理教学在提升学生对科学本质的理解方面，通常会采用开展科学探究活动或融入物理学史两种方法；融入物理学史可以帮助学生了解物理学家在面对问题时是如何思考假设的，如何解决问题的，认识物理知识是如何形成与发现的，从而理解其中蕴藏的科学本质内涵。

库仑定律的发现和发展是一个漫长的历程，是几代科学家不懈努力的结果（如表1所示）。库仑定律的发现和科学家们对n不断追求精确的测量历程，不仅反映了科学家们在研究过程中的思想与方法，更充分体现了科学本质的各个方面，如不同科学家从不同角度对平方反比规律进行研究，诠释了科学的主观性；库仑用扭秤实验和电摆实验证明了电荷间相互作用遵从平方反比规律，体现了科学的创造性；D.伯努利猜测电荷之间是否与万有引力一样遵从平方反比规律，这是基于观察和推理；科学家们对n的不断追求精确测量过程，体现了科学的暂时性。将这些物理史实融入教学过程中，让学生明确库仑定律不是库仑独自发现建立的，在之前有许多科学家的奠基性工作；了解在库仑定律发现之后科学家们所做的不懈努力，认识到科学发展不是一帆风顺、一蹴而就的，是一个继承与发展的过程；在此过程中依靠的是仔细观察，依靠的是质疑精神、批判精神，在观察中质疑现行理论，提出挑战，提出新的观点。鉴于此，笔者决定将库仑定律的发现史融入课堂教学中，以此来提升学生对科学本质的理解。

表1　库仑定律的发现历程

时间	人物	事件
1750年	爱皮努斯	实验发现相互作用的电荷之间距离减小时，两者的吸引力或排斥力增大
1760年	D.伯努利	首先猜测电荷间的作用是否与万有引力一样遵从平方反比规律
1767年	普利斯特利	富兰克林通过实验，观察到电荷分布于导体表面现象，并和普利斯特利一起探讨，普利斯特利重复实验，并类比万有引力提出：电荷间的作用力服从平方反比规律
1769年	约翰·鲁宾孙	用实验的方法得到r的指数$n=2.06$
1772年	卡文迪许	通过双层同心球实验验证静电荷只能分布在导体表面的特点，证明了电荷间的作用力与距离的平方成反比，同时将n精确到2 ± 0.02之间，可惜他一直没有将研究成果公布于世

时间	人物	事件
1785年	库仑	用扭秤实验证明同种电荷的斥力遵从平方反比定律，用电摆实验证明异号电荷的吸引力也遵从平方反比规律，后来他又设计了十分巧妙的实验方法，发现了静电力与两电荷的电荷量乘积成正比，并先后发表了系列相关论文，提出了库仑定律
1870年	麦克斯韦	利用检验空心导体内表面带电情况的方法，将n精确到2 ± 10^{-4}
1936年	普林斯顿和劳顿	将n精确到2 ± 10^{-9}
1971年	E. R. 威廉斯等人	利用精密仪器将n精确到$2 \pm 2.7 \times 10^{-16}$

二、教学设计及实施

教学设计思想的提出，为教学的实施提供了依据。如何将物理学史中所承载的科学本质共识，真正落实到物理教学中，成为提升学生学科素养的重要组成部分，是物理老师需要认真思考的问题。传统教学对物理学史教育一般采取以下两种教学策略：一是采用图片、视频等媒体呈现，老师绘声绘色地讲给学生听；二是采取成果汇报方式，学生课前查阅史料，形成文字、PPT等学习成果，课堂上进行成果汇报。

笔者认为这两种方式虽然能够调动学生学习的积极性，但都不可避免地流于形式，是一种浅层次的体验。由于学生学习过于专注形式或史实本身，必将忽略科学家们的思想方法，忽略物理学史中蕴含的科学本质内涵。按照应该加强学生思维深度体验的教学理念，结合高中学生的学习特点，笔者对库仑定律的教学设计了以下教学流程（如图1所示）。

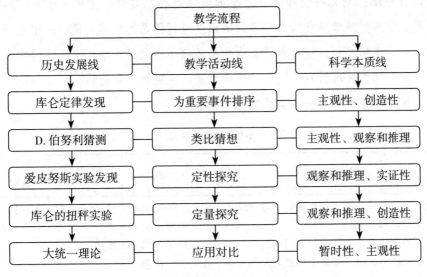

图1 库仑定律教学流程

教学活动设计从科学探究环节考虑，设计了包含库仑定律的猜想、验证、发现与发展等几个重要的教学环节；各环节的设计均注重学生主动性，让学生积极参与，认真思考，达成学生通过活动体验来理解科学本质的目的。

1. 第一个主要环节——为重要事件排序

教学活动：将历史上的以下重要事件按照时间先后进行排序。

（1）库仑用扭秤实验和电摆实验证明静电力遵从平方反比规律，后来又设计实验证明静电力大小与两电荷电量的乘积成正比，提出库仑定律。

（2）普林斯顿和劳顿两人将n精确到2 ± 10^{-9}。

（3）普利斯特利类比万有引力提出：电荷间的作用力服从平方反比规律。

（4）麦克斯韦利用检验空心导体内表面带电情况的方法，将n精确到2 ± 10^{-4}。

（5）卡文迪许通过半球封闭实验验证了静电力的平方反比规律，并将n精确到2 ± 0.02之间，可惜的是他并没有将结论发表。

（6）德国科学家爱皮努斯实验发现：当发生相互作用的电荷之间距离减小时，两者的吸引力或排斥力增大。

（7）英国爱丁堡科学家约翰·鲁宾孙用实验的方法得到r的指数$n=2.06$。

（8）D. 伯努利首先猜测电荷间的作用是否与万有引力一样遵从平方反比规律。

设计意图：刻意将物理事件发生的时间隐去，要求学生置身于当时的历史情境，设身处地地站在当时科学家的角度进行问题的思考，通过小组之间的合作交流，逻辑分析，梳理事件发生的先后顺序；老师在学生深度体验的基础上阐述库仑定律发现过程中蕴含的科学本质：主观性、创造性。

2. 第二个主要环节——类比猜想（见表2）

表2　类比猜想教学环节

教学活动	物理学史	科学思维与方法	科学本质
播放：氢原子核外电子绕核旋转与地球绕太阳运动的动画。 类比：地球绕太阳做匀速圆周运动，万有引力提供向心力；电子绕原子核做匀速圆周运动，静电力提供向心力。 猜想：万有引力大小与两物体质量的乘积成正比，与距离的平方成反比；则静电力的大小与两电荷电量的乘积成正比，与距离的平方成反比	1760年D.伯努利首先猜测电荷间的作用是否与万有引力一样遵从平方反比规律	模型建构法、类比思维法	主观性、观察和推理

设计意图：库仑定律的发现很大限度上是通过静电力与万有引力的类比得到的，教学设计中有意识地强化类比意识，给学生提供了氢原子核外电子绕核旋转与地球绕太阳运动的动画，让学生从运动情况的相似想到受力特点的相似，进一步猜想静电力与电荷电量、电荷间距离的关系；让学生在类比猜想的过程中体会科学的本质：主观性、观察和推理。

3. 第三个主要环节——定性探究（见表3）

表3　定性探究教学环节

教学活动	物理学史	科学思维与方法	科学本质
 F与r之间的定性关系　　F与q之间的定性关系	1750年爱皮努斯实验发现相互作用的电荷之间距离减小时，两者的吸引力或排斥力增大	控制变量法、转换思维法	观察和推理、实证性

续 表

教学活动	物理学史	科学思维与方法	科学本质
①F与r之间的定性关系：让A、B球带上同种电荷，B球向A球逐渐靠近，A球悬线偏角变大；②F与q之间的定性关系：让A、B球带同种电荷，增大A、B球所带电量，两球悬线偏角变大	1750年爱皮努斯实验发现相互作用的电荷之间距离减小时，两者的吸引力或排斥力增大	控制变量法、转换思维法	观察和推理、实证性

设计意图：利用控制变量法探究F与r、F与q之间的定性关系，让学生通过观察实验现象，自主分析，归纳得出静电力大小与各要素之间的定性关系，重温科学家的探究历程，促进学生对科学本质的观察和推理，加强对实证性等方面的深刻理解。

4. 第四个主要环节——定量探究（见表4）

表4　定量探究教学环节

教学活动	物理学史	科学思维与方法	科学本质
①静电力测量仪左右两端连接A、B球，所有球不带电，横梁水平时，指针处于中间0刻度。②让B、C球带异种电荷，C球置于B球正上方，调节C球位置；当指针处于中间0刻度时，横梁水平，电荷间库仑力的大小由力传感器示数，刻度尺读出带电小球间的距离	①1772年，英国物理学家卡文笛许通过双层同心球实验证明了电荷间的作用力与距离的平方成反比。②1785年法国物理学家库仑用扭秤实验和电摆实验证明静电力遵从平方反比规律，后来又设计实验证明静电力大小与两电荷电量的乘积成正比，提出库仑定律	微小量放大法、转换思维法、等分电量法	创造性、观察和推理

教学活动	物理学史	科学思维与方法	科学本质
③通过等分电量法改变B、C球电荷量，重复②实验步骤。 ④让B、D球带同种电荷，D球置于B球正下方，重复②③实验步骤			

设计意图：教学设计中，通过自制实验器材——静电力测量仪探究静电力大小与电荷电量和电荷间距之间的定量关系，学生在规律的学习过程中，结合史实了解实验设计的思路，体会实验隐含的科学思维方法。设计中特别强调：库仑是通过扭秤实验与电摆实验这两个实验才最终证明静电力遵从平方反比规律，这有利于纠正学生的习惯性错误观点——库仑通过扭秤实验得出库仑定律。这不仅有利于学生理解科学的实践性，还有利于学生认识问题的全面性、客观性，从而培养学生正确的科学本质观。

5. 第五个主要环节——应用对比（见表5）

表5 应用对比教学环节

教学活动	物理学史	科学思维与方法	科学本质
例：已知氢核的质量1.67×10^{-27} kg，电子的质量9.1×10^{-31}kg，在氢原子内它们之间的最短距离为5.3×10^{-11}m；试比较氢原子中氢核与电子之间的库仑力和万有引力。 请比较万有引力定律和库仑定律的表达式有哪些相似之处？谈谈你会有怎样的想法？对自然规律的多样性与统一性应如何认识？	理论上万有引力、电磁力、强相互作用力、弱相互作用力可以解释宇宙间所有现象；爱因斯坦后半生一直致力于研究这四种作用力之间的联系，希望寻找到统一的理论来解释四种相互作用力的各种现象	类比思维法、假设思维法	暂时性、主观性

设计意图：万有引力公式计算得到的两物体间的作用力只能是相互吸引，库仑定律公式计算得到的电荷间相互作用的力，既可以相互吸引也可以相互排斥，这是两公式的实质区别；万有引力和库仑定律数学表达式在形式上如此相似，且表述的都是场力，这都为寻找统一的理论提供了可能。爱因斯坦后半生一直致力于大统一理论的研究，虽然没有最终成功，但对科学本质的主观性、暂时性等方面进行了很好的诠释。

三、体现科学本质的教学建议

科学本质观的教学方式可分为隐性教育和显性教育。隐性教育是指在没有明确指出科学本质成分的情形下，通过教学过程增进学生对科学本质的认识；显性教育是指在明白指出科学本质成分的前提下，在教学过程中增进学生对科学本质的理解。实践证明，显性教育能够更有效地促进学生科学本质观的形成和发展。

《普通高中物理课程标准（2017年版）》在课程目标中对科学本质的教育目标提出了显性要求——能正确认识科学的本质。这要求教师要关注科学本质，认识到在物理教学中教授科学本质的重要性；要求教师在教学设计中有意识地把科学本质观教育作为教学目标之一，使其成为一种教学行为。比如，库仑定律的科学本质教学目标可设置为：了解科学知识的产生依赖于观察和推理；了解科学知识的暂时性。

著名教育家叶圣陶先生指出："教材无非是个例子"，这表明教材是学生学习的一种资源，是教师实现教学目标的工具之一。教师在使用教材过程中，可以从教学的实际出发，创造性地使用教材，对教材内容进行适度的拓展延伸。教材编写由于受各方面因素的制约，对物理学史的描述并不完整详尽；教师在备课过程中，要了解物理学史内容所对应的历史背景，了解科学家们科学探究的思想与方法，了解科学家们所经历的历程、依据的实验事实，等等；教师在设计教学活动时，要分析物理学史的内容类型，预设合理的教学活动，从而实现科学本质观教育的目标。

研究表明：教师如果没有经历正确的引导和显性的说明，学生难以通过自己的探究活动清楚地认识科学本质的特征。教师在每个主要环节的学习活动结束后，要趁热打铁，与学生一起共同总结科学本质的内容，且体现在板书上；教师在教学活动完成后，既要引导学生对科学知识、科学方法进行归纳，也要有意识地对科学本质的内容进行总结。教师在总结科学本质的内容时要讲究策略，不要生硬地贴标签，而要结合物理史实与学生课堂经历的学习活动，从中概括、提炼与升华。

总之，物理学史中蕴含着丰富的教育教学资源，对于提升学生对科学本质的理解具有极大的教育教学价值。作为中学物理教师，充分地挖掘其中的育人价值，应用不同的形式开展科学本质教育活动，必将对学生学习物理概念、掌握物理规律、内化科学方法和理解科学本质起到良好的促进作用。

参考文献

［1］中华人民共和国教育部.普通高中物理课程标准（2017年版）［M］.北京：人民教育出版社，2018.

［2］N.G.Lederman.Students，and teachers，conceptions of the nature of science：A review of the research［J］.Journal of Research in Science Teaching，1992，29（4）：331-359.

［3］F.Abd-El-Khalick，N.G.Lederman，R.L.Bell，R.S.Schwartz.View of nature of science questionnaire（VNOS）：toward valid and meaningful assessment of learners conceptions of nature of science［J］.Journal of Research in Science Teaching，2002，39（6）：497-521.

［4］徐卫华.溯本清源创新重演——以库仑定律教学为例谈实验原型教学策略［J］.物理教师，2013，34（8）：21.

［5］人民教育出版社.普通高中课程标准试验教科书物理选修3-1［M］.北京：人民教育出版社，2010.

聚焦核心素养 优化教学设计

——以"力的合成"为例

2018年年初，教育部颁布了修订版的普通高中物理课程标准，与实验版的课程标准相比，修订版课程标准凸显了学科教学的育人功能，强调了培养学生具备现代公民必备的核心素养的学科教育目标。物理核心素养由物理观念、科学思维、实验探究、科学态度与责任等方面构成，核心素养的提出要求我们的物理课堂教学应该由能力导向向素养导向转型，由知识传递向知识建构转变。下面以"力的合成"内容为例，探讨如何在课堂教学中聚焦核心素养，优化教学设计，促进学生全面发展。

一、教材编排解读

"力的合成"教学内容是人教版高中物理必修1第三章第4节的内容。

平行四边形定则是矢量运算法则，可以说矢量知识教学贯穿整个高中物理课程的学习过程。教材对于矢量知识内容的整体编排遵循循序渐进、逐步深入的原则。在第一章学习完位移的概念以后，引入矢量的概念，并提出矢量运算的问题，即矢量运算和标量运算的法则不同，学生对位移的三角形合成法则的认识有了粗浅的了解；速度、加速度是矢量，学习加速度方向与速度方向的关系，实质是在渗透将同一直线上的矢量运算转变为代数运算的原则；第二章学习力的概念，明确力是矢量，自然而然地引入力的合成与分解，得出平行四边形定则；后面学习的共点力平衡、牛顿运动定律、功的运算等都是力的合成与分解的实际应用；平行四边形定则是矢量所遵循的共同法则，运动的合成与分解、动量和冲量、电场强度、磁感应强度等内容的学习是平行四边形定则的

深化与拓展。（见图1）

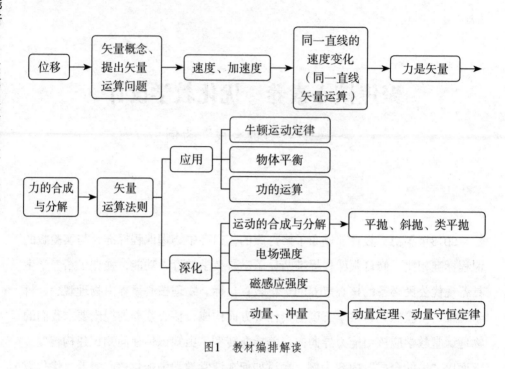

图1 教材编排解读

在第三章"相互作用"中，首先学习力的概念，从力的概念谈到力的作用效果、力的表述（力的图示和力的示意图），学完三种常见的力（重力、弹力、摩擦力）后，紧接着学习力的合成与分解，探究矢量运算的普遍法则——平行四边形定则。

在"力的合成"一节，教材用简单的语言和一幅卡通图（小孩提水）引入合力、分力的概念，然后进行求合力的方法的探究，得到平行四边形定则，通过例题，思考与讨论加深对平行四边形定则的理解应用，最后通过两幅生活中的插图说明共点力概念。

二、教材需商讨的几个问题

教师备课时，既要注重教材编排的内在逻辑，也要注意学生的心理特点和认知规律，应在备课过程中构建适应学生的教学逻辑，实现用教材教，真正达到课堂教学是以学生为主体，以育人为目标的转变。平行四边形定则是建立在共点力的基础上，按照学生的认知规律，应该是知道共点力的概念，才可能进一步探讨力的合成规律。因此本教学设计中，对共点力的概念教学顺序进行了调整，将共点力内容的学习位置前移，放在合力与分力的概念中一起学习；当然，把共点力、合力、分力和力的合成等概念放在一起学习，也使教学设计整体显得紧凑而有序。

科学探究是学生在类似于科学家探索自然规律的探究行为过程中形成的综合性能力，因而科学探究能力表现在学生进行探究活动中，并在活动中得到发展。中学物理教学中的科学探究是在教师引领下的探究活动，不能把学生的探究与科学家的科学探究等同，因为学生的认知结构与思维起点和科学家们存在很大差异，因此在教学设计时要注意分解教学核心问题，优化科学探究过程。在"探究求合力的方法"教学过程中，如果像教材一样不作任何铺垫，直接提出让学生设计实验，对学生来说，思维跨度显得太大。本教学设计中穿插设计了利用钩码、弹簧秤等仪器模拟小孩提水实验，降低了学生设计探究力的合成实验方案的梯度，让学生实验设计前有一个比较感性的认识；另外，模拟实验让学生实现从实际生活情境到实验模型转变，加深了对等效思想的认识，有效地促进学生物理模型建构能力的培养。

科学态度与责任是指在认识科学本质，理解物理学与技术、社会与环境之间的关系基础上，逐渐对科学形成正确的态度及责任感；是学生通过物理学习而逐渐形成的关键品格，对于学生形成正确的世界观、价值观和社会责任感具有重要的价值。在"探究求合力的方法"教学中，学生通过一两次实验就得出平行四边形定则是不严谨的、不科学的，但在实际课堂教学中，不允许也不可能让学生进行多次实验。本教学设计中挑选不同探究小组、不同类型的合力与分力的关系情况进行投影，能够比较好地解决多次实验这个问题，也比较合乎逻辑、顺理成章地得出平行四边形定则。

三、"力的合成"教学设计流程

根据以上教材分析，结合学生的思维起点与认知情况，本节教学设计（如图2）：

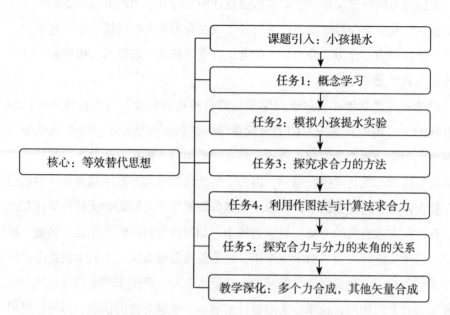

图2 "力的合成"教学设计流程

让学生真正参与到学习探究、探索的过程中，而不是强行、简单地在学生头脑中注入异化的知识内容，是促进学生核心素养培养所要求的。因而本教学设计在"探究求合力的方法"中细化设计（如图3）：

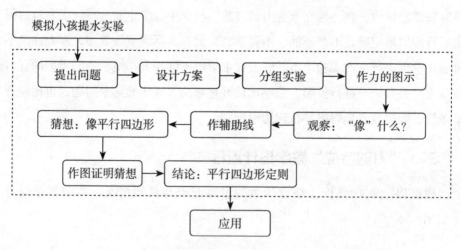

图3 "探究求合力的方法"设计流程

四、教学过程及策略分析

1. 课题引入

问题情境：请两位同学到讲台前共同提起重约200N的水桶，然后让一位同学自己提起水桶。

设置问题：

（1）两次提水的过程，作用效果是否相同？各位同学施加的力是否相同？

（2）生活中还有哪些事例能够说明一个力与几个力的作用效果相同？

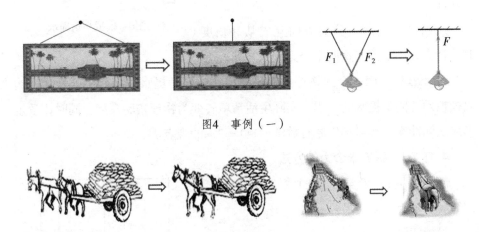

图4 事例（一）

图5 事例（二）

设计思想： 学生参与提水的实践体验，从中感悟等效替代思想，同时激发学生学习兴趣。

2. 任务1：概念学习

问题情境：学生阅读教材，总结共点力、合力、分力和力的合成概念。

设置问题：

（1）什么样的力是共点力？

（2）分力的定义是什么？合力的定义是什么？

（3）什么是力的合成？怎样理解合力与分力是一种等效替代关系？

（合力与分力是等效替代关系。在力的合成研究中，合力是不存在的，是为了解决问题的方便而人为假想的一个等效力，分力才是实际存在的力。）

设计思想： 教材中对共点力、合力、分力和力的合成等内容，文字说明详细，定义明确，且有图片分析，适合学生自学，有利于学生自主学习能力的培养。

3. 任务2：模拟小孩提水

问题情境：弹簧秤（2个）、钩码、细绳。

设置问题：

（1）猜想分力与合力可能存在一种怎样的对应关系？

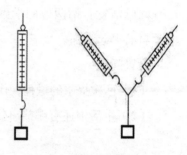

（2）哪种猜想是正确的？如何对猜想进行验证？

（结论：当两个分力方向互成某一角度时，合力大小不等于这两个分力大小之和。）

图6　模拟小孩提水

设计思想：用一个弹簧秤提钩码模拟一位同学提水，用两个弹簧秤提钩码模拟两位同学提水的过程，实际生活情境转变为物理实验模型；同时让学生形成认知冲突，颠覆学生原有数学"1+1＝2"的观点。

4. 任务3：探究求合力的方法

问题情境1：弹簧秤（2个）、橡皮条、细绳套、木板、刻度尺。

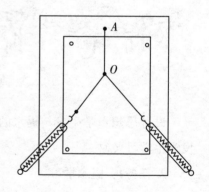

设置问题：

（1）在此实验中合力与分力等效的标志是什么？

（2）在实验过程中，我们应记录些什么？如何记录力的方向？

（3）如何将合力与分力的关系直观地呈现出来？

图7　探究求合力方法

设计思想：各小组同学共同讨论制定实验探究方案，每组派一位同学到讲台展示方案，其他组同学补充和完善方案。

问题情境2：各小组进行实验，根据测量数据画出合力与分力图示。教师在巡视中选出较为典型的合力与分力图示投影到屏幕上。

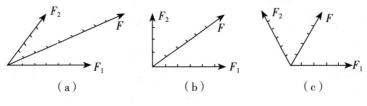

图8　分力与合力图示

设置问题：

（1）从几何特征上观察这几个图，感觉"像"什么？（教师可适当提示：用虚线把合力的箭头端分别与两个分力的箭头端连接。）

（2）"像平行四边形"和"是平行四边形"不是同一概念，怎么证明这个结论呢？

（结论：两个力合成时，以表示这两个力的线段为邻边作平行四边形，这两个邻边之间的对角线就代表合力的大小和方向。这个法则叫作平行四边形定则。）

设计思想：将各小组作图情况进行投影，较合理地解决多次实验的问题；同时引导学生规范作图，培养学生科学严谨的作图习惯，培养学生科学的思维方法和严谨的科学态度。学生猜想过程中，教师适当进行提示，体现了中学开展的科学探究是在教师引领下的探究活动的观点。

5. 任务4：利用作图法和计算法求合力

例：力F_1=45N，方向水平向右。力F_2=60N，方向竖直向上。请分别用作图法和计算法求这两个力的合力F的大小和方向。

6. 任务5：探究合力与分力的夹角的关系

问题情境：自制教具（如图8所示）。

设置问题：

（1）随着F_1、F_2的夹角变化，合力F的大小和方向如何变化？

图9　自制教具

（2）什么情况下合力最大，最大值为多大？什么情况下合力最小，最小值为多大？

（3）合力F是否总大于原来两个分力F_1、F_2？

（结论：合力与分力的夹角的关系：①合力随着θ的增大而减小；

②当 $\theta=0°$ 时，F 有最大值 $F_{max}=F_1+F_2$；当 $\theta=180°$ 时，F 有最小值 $F_{min}=|F_1-F_2|$；③合力既可以大于、也可以小于或等于原来的任意一个分力。$|F_1-F_2|\leqslant F\leqslant F_1+F_2$。）

设计思想：利用自制教具讨论合力与分力的夹角的关系，合理外推得出同一直线上二力合成的方法。帮助学生进一步理解力的合成规律，完善学生的认知结构。

7. 教学深化：多个力的合成、其他矢量的合成

设置问题：三个力或者三个以上的力的合成，应该怎样进行处理？

（直接告诉学生平行四边形定则不仅是共点力的合成所遵守的法则，而且在下一节要讲的力的分解也同样遵守平行四边形定则，同时还是所有矢量共同遵守的法则。）

设计思想：由两个力的合成扩展到多个力的合成，强化对平行四边形定则的理解，有利于学生对等效思维方法的真正领悟。

8. 课堂小结

设置问题：这堂课学到了哪些新知识？获得了哪些处理问题的方法？有哪些成功的体验和失败的教训？

设计思想：对本堂课进行小结，对科学探究过程与结果进行交流反思。

参考文献

［1］中华人民共和国教育部.普通高中物理课程标准（2017年版）［M］.北京：人民教育出版社，2018.

［2］陆永华.关于"力的合成"的省优质课观摩的思考［J］.物理教师，2014（10）：71—73.

［3］马亚鹏."力的合成"教学反思与重构［J］.中学物理教学参考，2017（1—2）：47—50.

基于核心素养的教学设计——重力势能

一、教材分析

本教学设计是人教版物理（必修2）第七章第4节的内容，重力势能概念及表达式是机械能守恒定律的基础知识，是《机械能守恒定律》这章学习的一个重要知识点，修订版物理课程标准对本节内容的要求是：理解重力势能，知道重力势能变化与重力做功的关系。

本节虽然探究的是有关重力势能的问题，但解决重力势能问题不能离开重力做功的研究。教材首先提出重力势能的概念，即物体由于被举高而具有的能叫重力势能；接着引出物体在举高的过程中，伴随着重力做功，说明功与能是密不可分的；然后探究重力做功问题，揭示重力做功与路径无关的特点，得出重力势能的表达式，同时对重力势能变化与重力做功的关系进行分析；最后安排了重力势能具有相对性及重力势能属于物体与地球组成的系统的内容，目的是澄清学生错误认识，完善学生对重力势能的理解。本节的教学安排思路与学生后面学习电势能、分子势能的探究思路相似，本节教学起到承上启下的作用。

二、学情分析

学生通过一个多学期的高中物理学习，认识事物时已经能从具体的形象思维向抽象的逻辑思维过渡，但在思考有关问题时，还是经常停留在感性认识的基础上，这就要求教师在教学过程中需提供一些具体形象的事例、视频、图片等来帮助学生学习。学生在初中时已学习了重力势能的概念，在高中阶段要探究重力势能定量表达式，同时体验理论探究的过程，学生在前面几节学习了功的定义和计算方法，为通过重力做功的研究来得出重力势能的表达式提供了可能。

三、设计思想

《重力势能》是学生在高中阶段首次定量地研究能量，因此本节要解决的问题是能量如何度量，重力势能如何定义。在教学过程中，如果在重力势能表达式的推导过程中，让学生积极参与，体验推理探究的整个过程，从而使学生既理解结论，更知道结论是怎样得出的，这必会对学生的终身发展产生深远的影响。在本节课的教学设计中，应先让学生明确重力势能的基本特征和量化重力势能的条件：一是重力势能的变化与重力做功存在密切联系；二是重力势能应随着物体高度的变化而变化。若得到与这两个特征相符合的物理量，则说明它就是本节教学中要找的重力势能表达式。

根据重力势能的基本特征，为使探究思路清晰、顺畅，且具有逻辑性，本节课教学流程设计如下：

引入新课→重力势能概念→重力势能与什么因素有关→重力做功与路径无关→重力势能表达式→重力做功与重力势能的变化关系→重力势能具有相对性→重力势能的系统性→教学反馈→教学小结。

四、教学目标

（1）理解重力势能的概念及表达式，会计算重力势能的大小；理解重力做功与路径无关的特点；理解重力做功与重力势能变化间的关系，知道重力势能变化与零势面选取无关。（物理观念）

（2）通过演示实验体验控制变量法、实验观察法等科学研究的思想方法。（科学思维）

（3）经历对重力势能表达式的实验探究和理论探究过程，体会重力势能概念的建立过程。（科学探究）

（4）通过具体的生活实例渗透社会公德教育，帮助学生树立社会责任意识与担当意识。（科学态度与责任）

五、教学重难点

教学重点：重力势能的概念及表达式，重力做功与重力势能变化间的关系。

教学难点：探究影响重力势能大小的因素。

六、教学方法

教法：直观演示法、探究法、启发式讲授法等。

学法：自主学习法、小组讨论法等。

七、教学用具

自制实验仪器、PPT、视频、图片、歌曲等。

八、教学过程（见表1）

表1　教学设计

教学环节与教学内容		教师活动	学生活动	设计意图
引入新课	播放雪崩视频	引导提问：为什么圣洁漂亮的雪一旦形成雪崩，就会有如此大的破坏力？这么大的能量是从哪里来的？	观看视频，积极思考老师提出的问题并回答	联系实际，激发学生兴趣，让学生带着问题进入新课
重力势能概念	阅读教材，引出重力势能的概念。 重力势能：物体由于被举高而具有的能量叫重力势能，用E_p表示	引导提问：什么是重力势能？	自主阅读、思考讨论得出概念	培养学生的阅读及归纳能力
重力势能与什么因素有关	（1）提出问题： 重力势能的大小与哪些因素有关，有什么关系？	引导提问：物体由于被举高而具有的能量叫重力势能。那么，重力势能的大小与哪些因素有关呢？	在教师的引导下，积极思考猜想重力势能的大小与哪些因素有关	培养学生提出问题、形成猜想和假设的能力
	（2）利用自制实验仪器进行实验探究 铁块 木块 透明塑料管 筷子 细沙	探究实验：（1）将圆柱形的铁块与木块从相同高度释放，观察哪根筷子插入细沙的深度更深？（铁块比木块使筷子插得深） （2）将相同的圆柱形铁块从不同高度释放，观察哪根筷子插入细沙深度更深？（高处释放的铁块使筷子插得深）	一位学生协助教师进行演示实验，其他学生观察实验现象	运用控制变量法、实验观察法等思想方法，让学生定性地对重力势能的影响因素作出判断

悟理与践行——一位物理教师的思考与实践

教学环节与教学内容		教师活动	学生活动	设计意图
重力势能与什么因素有关	（3）结论：物体重力势能跟物体重力和物体高度有关；重力越大，重力势能越大；高度越高，重力势能越大	分析实验现象，指导学生得出结论	在老师的指导下，分析讨论得出结论	培养学生分析综合，基于证据得出结论的能力
	情景体验：天花板上分别挂一钢球和乒乓球，在下面有什么不同的感受？ 视频案例：从3楼落下的柚子砸在小轿车后盖上，后盖凹陷	点拨提示：不能将花盆等物体放置在阳台上，以防高空坠物伤人。不能从窗户向外乱抛东西	树立明辨是非能力，明确哪些事情可以做，哪些事情不能做	通过案例进行社会公德教育
重力做功与路径无关	（1）知识铺垫：高度、高度差的含义。 播放歌曲《心中的太阳》中"山上有棵小树，山下有棵大树，我不知道，不知道哪棵更高……"部分	老师用简洁的语言解释歌词，讲解高度、高度差的含义，明确指出高度具有相对性，高度大小参考与平面的选取有关	理解高度、高度差的含义	让学生体会到物理是无处不在的
	（2）提出问题。 重力势能与物体的重力、高度到底有怎样的定量关系？重力势能的表达式是什么？	引导提问：物体高度越高，重力势能越大；物体重力越大，重力势能越大。那么能否说重力势能与高度、重量成正比呢。（不能） 点拨提示：物体高度发生变化，重力势能也发生变化，其原因是重力做了功，功与能是密不可分的；因此要认识重力势能必须从重力做功的角度进行研究	在老师的引导下，思考通过什么方式得到重力势能的表达式	承上启下，提出新的问题。适当点拨提示，推理过程更严谨，表达式的得出更加自然、合乎逻辑
	（3）探究：重力做功的特点。 根据功的定义分别计算甲、乙、丙三种情况下，小球由A点下落到B点过程中重力所做的功	引导学生根据功的定义计算小球由A到B三种情况运动过程中，重力所做的功；并进一步分析归纳得出重力做功的特点	学生根据老师的分析引导，推导小球由A点下落到B点过程中重力所做的功	情境甲、乙、丙由浅入深，这符合学生的认知结构。学生运用分析综合、推理

教学环节与教学内容	教师活动	学生活动	设计意图
甲：$W_G=mgh=mgh_1-mgh_2$ 乙：$W_G=mgl\cos\theta=mgh_1-mgh_2$ 丙：$W_G=mgl\cos\theta=mgh_1-mgh_2$ 甲 乙 丙 结论：重力所做的功只取决于起点与终点的高度差h，即：只跟起点与终点的位置有关，跟物体运动的路径无关		并通过小组讨论，归纳总结出重力做功的特点	论证等方法进行推导，有利于学生科学思维能力的培养
重力做功与路径无关			
重力势能定量表达式 重力势能的定量表达式：$E_P=mgh$。 单位： $1J=1kg\cdot m^2/s^2=1N\cdot m$ 重力势能是标量。	引导过渡：在$W_G=mgh_1-mgh_2$中，重力做功的大小等于物重和起点高度的乘积mgh_1与物重和终点高度的乘积mgh_2两者之差，h_1、h_2是物体所处的高度位置，mgh是重力所做的功，mgh_1、mgh_2是物体对应h_1、h_2位置的状态量	在教师的引导下，通过重力做功的表达式推理得到重力势能的定量表达式	由重力做功引入重力势能的表达式，对这一点学生会感觉比较困难，这一认知需要逐渐建立起来

教学环节与教学内容		教师活动	学生活动	设计意图
重力势能定量表达式		从重力与所处位置的高度的乘积 mgh_1、mgh_2 看出：与重力做功密切相关；随高度变化而变化，恰与重力势能的基本特征一致，这是一个具有特殊意义的物理量。这个具有特殊意义的物理量就是我们要寻找的重力势能定量表达式		引导学生通过逻辑推理，归纳总结得出规律，培养学生的科学思维能力
重力做功与重力势能的变化关系	结论： （1）$W_G > 0$，$E_{P1} > E_{P2}$，重力做正功，重力势能减小，重力势能减小量等于重力所做的功。 （2）$W_G < 0$，$E_{P1} < E_{P2}$，重力做负功，重力势能增加，重力势能增加量等于克服重力所做的功	由 $W_G = mgh_1 - mgh_2 = E_{P1} - E_{P2}$，推导得出重力做功与重力势能变化的关系	在教师引导下，理解重力做功与重力势能变化的关系	培养学生理解能力、分析综合能力
重力势能具有相对性	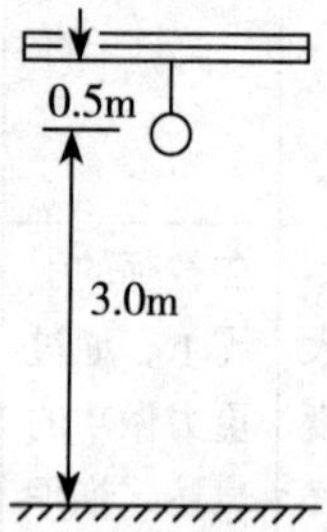 例：如图所示，三楼教室悬挂一质量为10kg的投影仪，此投影仪的重力势能是多少呢？（取g=10m/s²） 0.5m 3.0m 总结：（1）参考平面：重力势能总是相对于某个水平面来说的，这个水平面叫参考平面。在参考平面，重力势能为0	引导学生自主解题，巡视，将学生做到的几种典型的结果进行投影，引导学生思考，得出重力势能具有相对性的结论	自主解题，在老师将几种典型结果进行投影后，小组交流讨论得出重力势能具有相对性的结论	解决实际问题，让学生体会从生活问题建构物理模型的抽象概括过程

续 表

教学环节与教学内容	教师活动	学生活动	设计意图
重力势能具有相对性	（2）参考平面的选择：选择哪个水平面作为参考平面，可视研究问题的方便而定，通常选择地面作为参考平面。 （3）对选定的参考平面而言：上方：$h>0$，$E_P>0$；下方：$h<0$，$E_P<0$，E_P为负值，表示物体这个位置具有的重力势能比在参考平面上具有的重力势能要小			
	脑筋急转弯	引导提问：小明从五楼的窗户上跳下来，为何平安无事？（向里跳到五楼的地板上） 点拨提示：由此延伸对学生进行生命教育	思考回答问题	通过脑筋急转弯可以激发学生兴趣，加深对重力势能具有相对性的理解；生命教育体现物理课堂的育人本质
重力势能的系统性	重力势能是物体和地球系统共有的	引导提问：重力势能到底是谁拥有的？如果没有地球，还有重力势能吗？ 思维点拨：重力势能是地球与物体这一系统所共有的；通常说某物体的重力势能是多少，是一种简化的说法	小组讨论交流	完善对重力势能的理解
教学反馈	1.下列关于重力势能的说法，正确的是 A.物体的重力势能为零，则一定不会对另外的物体做功 B.物体放在地面上，则重力势能一定等于零 C.将某一物体从不同高度抛出，则落地时重力势能相同 D.对于不同的参考平面，物体的重力势能数值不同，但并不影响有关重力势能变化问题的研究 答案：CD			

续 表

教学环节与教学内容	教师活动	学生活动	设计意图
教学反馈 2.如图所示，桌面高为H，质量为m的小球从离桌面高h处自由落下，不计空气阻力，假设桌面处的重力势能为零，则小球落在地面上的重力势能为 A.mgH　　B.mgh　　C.$mg(H+h)$　　D.$-mgH$ 答案：D 3.起重机以$\dfrac{g}{4}$的加速度将质量为m的物体匀减速地沿竖直方向提升高度h，则起重机钢索的拉力对物体做的功为多少？物体克服重力做功为多少？物体的重力势能变化了多少？ 答案：$\dfrac{3}{4}mgh$；mgh；增加了mgh			
教学小结	让学生自己概括总结本节课所学内容		
作业布置	（1）书面作业：课本第66页第1、2题； （2）思考作业：试举例说明实际生活中重力势能的应用		

九、教学设计思考

教材推导得到，"物体运动时，重力所做的功与物体运动的路径无关"，即$W_G=mgh=mgh_1-mgh_2$，指出mgh是一个具有特殊意义的物理量，从而得出重力势能的定量表达式（见图1）。但是对$W_G=mgh=mgh_1-mgh_2$的理解上，h、h_1、h_2到底有什么含义？mgh、mgh_1、mgh_2到底代表什么，教材没有明确交代，这导致学生认知非常模糊。为了明确h、h_1、h_2的含义，明白mgh是重力所做的

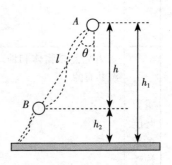

图1　重力势能图示

功，mgh_1、mgh_2是物体对应h_1、h_2位置的状态量，让学生学习思路清晰明了，因此在本教学设计中，在探讨重力做功与物体运动路径有关的结论之前，先对高度、高度差进行补充介绍，对高度有相对性、高度大小与参考平面选取有关进行强调，希望能够起到知识铺垫作用。

教材在推导物体受重力作用沿曲线运动做功问题时，采用了微元法和极限思想进行问题处理：将整个路径分成许多小段，每小段因为很短，可近似

看成是一条倾斜的直线；利用甲、乙得出的结论分别求出物体重力在每小段上所做的功；物体重力在每小段上所做的功进行代数求和，就是物体重力所做的功；如果每小段分得无限短，则求解出的物体所做的总功就不存在误差。学生在之前的学习中已多次接触微元法和极限思想，教师只要适当启发，学生应该能够按教学预设很好地解决问题，从而达到培养学生应用数学知识解决物理问题的能力的目的。但这种方法的不足之处是：把简单的问题复杂化，让学生产生一种误解，认为功的定义式$W=FS\cos\theta$仅适用于物体受恒力做直线运动的情况。其实，功的定义式$W=FS\cos\theta$不仅适用物体受恒力做直线运动的情况，而且同样适用物体受恒力做曲线运动的情况。在本教学设计中，考虑到学生对功的定义式的认知水平，为了避免学生产生误解，因而采用了更为简单的方法，即应用功的定义式来处理物体受重力作用沿曲线运动做功的问题：①物体沿曲线路径从A运动到B，位移为l，方向由A指向B；②设位移方向与竖直方向夹角为θ；③根据功的定义式$W=FS\cos\theta$得：$W_G=mgl\cos\theta$；④由于$l\cos\theta$大小就等于从A到B的高度差h，因而$W_G=mgl\cos\theta=mgh=mgh_1-mgh_2$。

📁 参考文献

［1］中华人民共和国教育部.普通高中物理课程标准（2017年版）［M］. 北京：人民教育出版社，2018.

［2］郑青岳.重力势能的教学设计［J］.物理教学，2013（8）：53—54.

在习题教学中渗透科学思维方法的培养

——以等效电源法在电路问题中的应用为例

等效法亦称等效替代法，是科学研究中常用的思维方法之一；是根据效果相同的角度来研究物理现象、物理过程的方法；是将一个复杂的物理现象、物理过程进行理想化、简单化处理的方式。等效电源法是等效法的一种，是在保持电路结构不变的前提下，根据解决问题的需要，把电路中的某些定值电阻与电路中原有电源看成一个新的电源，从而使电路变得简单明了，易于分析，便于计算。等效电源法在解决电路的动态分析、变值电阻功率等问题的习题中具有非常明显的优势。

一、等效电源电动势与内阻的计算方法

1. 原理

电源电动势等于电源开路时的路端电压，即将理想电压表直接接在电源两端的示数就等于电源电动势；电源电动势与外电路短路时的短路电流比值等于电源内阻。

2. 推论

如图1所示，电动势为E、内阻为r的电源与阻值为R的电阻串联。将虚线框内部分看成一个等效电源，则电路等效为图2所示电路。当AB两端的开路（$R_x \to \infty$）时，AB间的电压为E，则等效电源电动势$E=E'$；当AB间短接（$R_x \to 0$）时，则可求得等效电源内阻为$r' = \dfrac{E'}{I_{短}} = \dfrac{E}{\dfrac{E}{(R+r)}} = R+r$，即等效电

源内阻为r与R串联的结果。

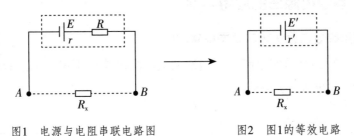

图1　电源与电阻串联电路图　　　　图2　图1的等效电路

推论1：把电源和定值电阻串联后看成一个等效电源，等效电源电动势与原电源电动势相等，等效电源内阻为原电源内阻与串联定值电阻之和。

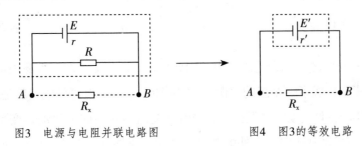

图3　电源与电阻并联电路图　　　　图4　图3的等效电路

如图3所示，电动势为E，内阻r的电源与阻值为R的电阻并联。将虚线框内的部分看成一个等效电源，则电路等效为图4所示电路。AB间开路（$R_x \to \infty$）时，AB间的电压为等效电源电动势，即$E' = \dfrac{E}{(R+r)}R$；当AB间短

接（$R_x \to 0$）时，则可求得等效电源内阻为$r' = \dfrac{E'}{I_短} = \dfrac{\dfrac{R}{(R+r)}E}{\dfrac{E}{r}} = \dfrac{Rr}{(R+r)}$，即

等效电源内阻为r与R并联的结果。

推论2：把电源和定值电阻并联后看成一个等效电源，等效电源电动势为被等效部分的开路电压，等效电源内阻为原电源仅保留内阻和定值电阻的并联值。

结论：当电源和多个定值电阻构成混联电路时，等效电源电动势等于被等效部分的开路电压；等效内阻等于原电源仅保留内阻与其他定值电阻混联的电阻值。

二、等效电源法的应用实例

1. 利用等效电源法巧解动态电路问题

例1： 如图5所示的电路中，当滑动变阻器触头向下滑动的过程中，问小灯泡的明暗变化情况怎样？

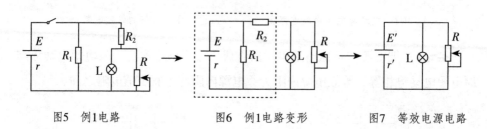

图5　例1电路　　　　图6　例1电路变形　　　　图7　等效电源电路

解析： 由于R_1、R_2为定值电阻，因此可以把R_1、R_2等效到电源内部，原电源和R_1、R_2就构成了一个新的电源E'（如图6）；等效电源外电路就是灯泡L与滑动变阻器R并联（如图7所示）。当滑动变阻器触头向下滑动，变阻器接入阻值增大，等效电路中整个外电路电阻增大，路端电压升高，灯泡L两端电压增大，所以灯泡L变亮。

点评： 灯泡和变阻器并联后再与R_1、R_2组成较复杂的电路，运用一般方法进行分析，过程较为烦琐，利用等效电源法分析就显得简单明了。

2. 利用等效电源法巧解电阻消耗功率问题

例2： （改编题）图8所示电路中电源电动势$E=100V$，内阻$r=20\Omega$，其中$R_1=100\Omega$、$R_2=80\Omega$，图9为白炽灯的伏安特性曲线，求灯泡的实际功率。

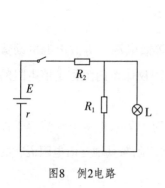

图8　例2电路

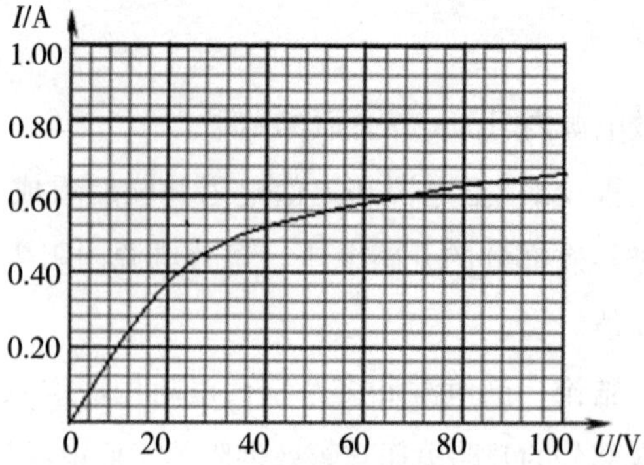

图9　伏安特性曲线

解析：将电源、R_1、R_2作为一个整体视为等效电源E'，则原电路可等效为图10所示电路，则等效电源电动势等于R_1两端电压E'=50V，等效电源内阻

$$r'=\frac{R_1(R_2+r)}{(R_1+R_2+r)}=50\,\Omega$$，根据闭合电路欧姆定律：$U_L=E'-Ir'=50-50I$

在图9所示的I-U坐标中作出$U_L=50-50I$的函数图线，交灯泡伏安特性曲线于M点，则M点坐标表示流过灯的电流及其两端电压（如图11所示）。从图中可得：I_M=0.45A，U_M=28V，则$P_{灯}=U_MI_M$=11.6W。

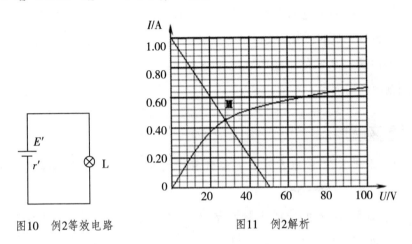

图10　例2等效电路　　　　　图11　例2解析

点评：由灯泡的伏安特性曲线可得：灯泡电阻随电流变化而变化；因此，利用常规方法无法直接求流过灯泡的实际电流与灯泡两端的电压，但利用等效电源的方法，便轻易地解决了这个问题。

3. 利用等效电源法解答测量电源电动势和内阻实验的相关问题

例3：（原创题）如图12所示电路中，E、r、R_1、R_2均未知，当电阻箱R=10Ω时，电流表读数为1A；当R=18Ω时，电流表读数为0.6A；问当电流表读数为0.4A时，电阻箱R值为多少？

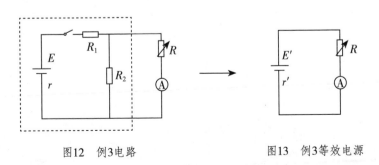

图12　例3电路　　　　　　图13　例3等效电源

解析：将图12虚线框内的部分等效为一个电源，设等效电源的电动势为E'，内阻为r'（如图13），由闭合电路欧姆定律可列方程：

$E' = 1A \times (r' + 10\Omega)$

$E' = 0.6A \times (r' + 18\Omega)$

联立解得：$E' = 12V$，$r' = 2\Omega$

当电流为0.4A时，由闭合电路欧姆定律可得：$12V = 0.4A \times (2\Omega + R)$

解得：$R = 28\Omega$

点评：本题由于电动势E，内阻r，电阻R_1、R_2均为未知量，若按常规解法无法进行解答，这时采用等效电源法，把E、r、R_1、R_2看成一个整体，等效为一个新的电源；从而使本题巧妙地转变为"安阻法"测电源电动势和内阻类型，问题便迎刃而解。

参考文献

［1］张永太.等效电源法在电路计算中的应用［J］.教学与管理，2004（8）：55—56.

［2］谭锦莲.注重物理实验教学培养学生创新能力［J］.中学物理，2017，35（20）：10—11.

［3］丁安邦.科学方法教学策略：有效渗透切身体验充分感悟［J］.中学物理，2016，34（06）：34—35.

第三章

高考试题研究

3

稳中求进　继承创新　无缝衔接

——2019年高考理综全国卷物理试题评析

2019年高考理综全国卷三套物理试题，全面落实立德树人的根本任务，坚持"稳中求进"的命题思路；试卷结构设计合理，突出学科主干内容，创新试题情境设计，注重理论联系实际，试卷符合高中课程与考试评价改革的要求，贴近高中物理教学实际，引导学生从解题向解决问题转变，有助于实现高考与等级性考试的无缝衔接，有利于促进学生全面而有个性地发展。

一、2019年高考理综全国卷物理试题知识点考查情况分析（见表1）

表1　物理试题考查情况统计

题号	Ⅰ卷	Ⅱ卷	Ⅲ卷
14	能级跃迁问题	万有引力定律应用	楞次定律理解
15	点电荷受力平衡	质能方程应用	天体运动问题
16	动量定理应用	受力平衡分析	受力平衡分析
17	安培力、力的合成	带电粒子在磁场中运动	功能关系应用
18	竖直上抛运动	能量守恒应用	带电粒子在磁场中运动
19	受力平衡分析	$V\text{-}t$图像、运动合成与分解	电磁感应应用
20	电磁感应应用	带电粒子在电场中运动	动力学问题
21	天体运动、功能关系	电磁感应应用	电场强度、电势能
22	纸带的处理问题	测量铁块与木块间动摩擦因数	频闪照相法求重力加速度g

续 表

题号	Ⅰ卷	Ⅱ卷	Ⅲ卷
23	小量程的微安表改装为大量程的电流表	研究硅二极管在恒定电流条件下的正向电压与温度的关系	欧姆表原理和校准
24	带电粒子在电磁组合场中运动	带电粒子在电场中运动	带电粒子在复合场中运动
25	动量守恒、动能守恒（碰撞）、牛顿运动定律、运动学公式	牛顿运动定律、运动学公式（汽车刹车过程）	动量守恒、动能守恒（碰撞）、牛顿运动定律、运动学公式
33（1）	热力学第一定律、气体微观解释	P–V图像、气体微观解释	实验：用油膜法估测分子大小
33（2）	玻意耳定律、查理定律	玻意耳定律、物体受力分析	玻意耳定律、查理定律
34（1）	机械振动与机械波	单摆问题	波的干涉
34（2）	光的折射	实验：用双缝干涉测量光的波长	光的折射、全反射

二、2019年高考理综全国卷物理试题特点分析

1. 注重对基础知识的考查

2019年高考理综全国卷三套物理试题以物理观念、科学思维、科学探究、科学态度与责任的物理学科素养为导向，重视对基础概念、基础规律、基本方法、基本技能的考查，引导学生夯实物理基础知识的学习，促使课堂教学回归教材，促进中学物理教学回归育人本质。

例1：（全国Ⅰ卷第15题）如图1，空间存在一方向水平向右的匀强磁场，两个带电小球 P 和 Q 用相同的绝缘细绳悬挂在水平天花板下，两细绳都恰好与天花板垂直，则（   ）。

A. P 和 Q 都带正电荷

B. P 和 Q 都带负电荷

C. P 带正电荷，Q 带负电荷

D. P 带负电荷，Q 带正电荷

答案：D

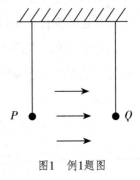

图1　例1题图

分析：本题是一道定性判断选择题，考查内容涉及库仑定律和带电小球在静电场中的受力分析；试题引导学生加强对电荷受力平衡基本规律的理解，促进学生物理观念核心素养中"运动与相互作用"要素的形成和发展。

例2：（全国Ⅱ卷第20题）静电场中，一带电粒子仅在电场力的作用下自 M 点由静止开始运动，N 为粒子运动轨迹上的另外一点，则（　　）。

A. 运动过程中，粒子的速度大小可能先增大后减小

B. 在 M、N 两点间，粒子的轨迹一定与某条电场线重合

C. 粒子在 M 点的电势能不低于其在 N 点的电势能

D. 粒子在 N 点所受电场力的方向一定与粒子轨迹在该点的切线平行

答案：AC

分析：本题是一道定性判断选择题，考查带电粒子在电场力作用下的运动问题，要求学生明确带电粒子运动轨迹与电场线不一定重合；试题引导学生加强对物理基本规律的理解，促进学生物理观念核心素养中"运动与相互作用"要素的形成和发展。

另，全国Ⅲ卷第14题也是一道定性判断选择题，考查学生对楞次定律的理解，要求学生明确楞次定律是能量守恒定律在电磁感应现象中的具体体现；试题引导学生加强对物理基本概念、基本规律的掌握理解，促进学生物理观念核心素养中能量观念要素的形成和发展。

2. 突出对体育和劳育的引导

2018年9月，习近平总书记在全国教育大会上强调，培养德智体美劳全面发展的社会主义建设者和接班人，加快推进教育现代化、建设教育强国、办好人民满意的教育。2019年高考全国卷物理试题较好地贯彻了德智体美劳全面发展的要求，充分发挥物理学科特点，设计与体育运动和生产劳动相联系的实际情境，培养学生热爱体育、热爱劳动意识，引导学生增强体育健康意识、树立劳动观念。

例3：（全国Ⅱ卷第19题）如图2（a），在跳台滑雪比赛中，运动员在空中滑翔时身体的姿态会影响其下落的速度和滑翔的距离。某运动员先后两次从同一跳台起跳，每次都从离开跳台开始计时，用 v 表示他在竖直方向的速度，其 v-t 图像如图2（b）所示，t_1 和 t_2 是他落在倾斜雪道上的时刻。则（　　）。

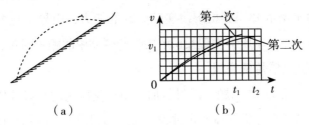

（a） （b）

图2 例3题图

A.第二次滑翔过程中在竖直方向上的位移比第一次的小

B.第二次滑翔过程中在水平方向上的位移比第一次的大

C.第二次滑翔过程中在竖直方向上的平均加速度比第一次的大

D. 竖直方向速度大小为v_1时，第二次滑翔在竖直方向上所受阻力比第一次的大

答案：BD

分析：本题通过结合跳台滑雪项目运动情境进行命题，考查学生对运动相关物理概念的理解及对图像中数学元素对应关系的认识，要求学生运用所学物理概念、物理规律解决实际运动中的相关问题，引导学生热爱体育运动、培养参加体育锻炼的意识。

例4：（全国Ⅲ卷第16题）用卡车运输质量为m的匀质圆筒状工件，为使工件保持固定，将其置于两光滑斜面之间，如图3所示。两斜面Ⅰ、Ⅱ固定在车上，倾角分别为30°和60°。重力加速度为g。当卡车沿平直公路匀速行驶时，圆筒对斜面Ⅰ、Ⅱ压力的大小分别为F_1、F_2，则（ ）。

A. $F_1=\dfrac{\sqrt{3}}{3}mg$，$F_2=\dfrac{\sqrt{3}}{2}mg$

B. $F_1=\dfrac{\sqrt{3}}{2}mg$，$F_2=\dfrac{\sqrt{3}}{3}mg$

C. $F_1=\dfrac{1}{2}mg$，$F_2=\dfrac{\sqrt{3}}{2}mg$

D. $F_1=\dfrac{\sqrt{3}}{2}mg$，$F_2=\dfrac{\sqrt{3}}{2}mg$

图3 例4题图

答案：D

分析：本题以日常生活中卡车运输圆筒状工件为素材进行命题，考查学生运用共点力平衡的知识分析解决实际问题的能力，引导学生关注生产劳动中的物理现象，并运用所学物理知识解决生产劳动中的相关问题，树立劳动观念，培养参加劳动锻炼的意识。

另全国Ⅰ卷第33（2）题，以材料加工中广泛应用的热等静压设备为背景进行命题，要求学生分析气体变化过程，建立物理模型，应用气体定律解决问题；引导学生树立劳动观念，关注生产劳动中蕴含的物理现象、物理原理，运用物理知识解决生产劳动中的物理问题。全国Ⅰ卷第18题，试题结合篮球运动员原地垂直起跳扣篮的运动情境进行命题，考查学生对竖直上抛运动规律的理解和应用，要求学生运用物理概念、物理规律解决实际运动中的相关问题，引导学生热爱体育运动、培养参加体育锻炼的意识。

3. 凸显试题情境化的设置

学习的目的是学以致用，考试的目的是检测学生运用所学知识分析问题、解决问题的能力；运用物理知识解决实际问题能力的高低，取决于学生将情境与知识相联系的水平，取决于学生能否将问题中的实际情境转化成问题的物理情境，建立相应的物理模型。2019年高考全国卷物理试题，围绕力学、电学等主干知识设计问题情境，以运动和相互作用、能量等观念的理解为载体，突出考查了在实际情境中建构模型，并通过科学推理、科学论证、批判质疑等科学方法分析和解决问题的思维能力。

例5：（全国Ⅲ卷第21题）如图4，电荷量分别为q和$-q$（$q>0$）的点电荷固定在正方体的两个顶点上，a、b是正方体的另外两个顶点。则（　　）。

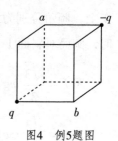

图4　例5题图

A. a点和b点的电势相等

B. a点和b点的电场强度大小相等

C. a点和b点的电场强度方向相同

D. 将负电荷从a点移到b点，电势能增加

答案：BC

分析：本题以正方体对称的两个顶点放置异种电荷为情境命题，考查学生对点电荷电场的空间分布情况的理解和认识；学生对点电荷电场的平面分布模型比较熟悉，现在需迁移拓展到空间分布模型，对考生模型建构能力、空间

想象能力提出了更高的要求。

例6：（全国Ⅰ卷第18题）如图5，篮球架下的运动员原地垂直起跳扣篮，离地后重心上升的最大高度为H。上升第一个$\dfrac{H}{4}$所用的时间为t_1，第四个$\dfrac{H}{4}$所用的时间为t_2。不计空气阻力，则$\dfrac{t_2}{t_1}$满足（　　）。

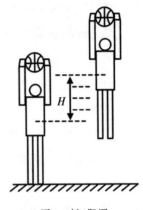

图5　例6题图

A. $1<\dfrac{t_2}{t_1}<2$　　　　　　B. $2<\dfrac{t_2}{t_1}<3$

C. $3<\dfrac{t_2}{t_1}<4$　　　　　　D. $4<\dfrac{t_2}{t_1}<5$

答案：C

分析：本题以篮球运动员原地垂直起跳扣篮的运动情境命题，考查学生对竖直上抛运动规律的理解和应用；要求学生能够将运动员抽象成质点，将起跳扣篮过程抽象成竖直上抛模型，检测学生将实际问题中的对象和过程转换成相对应的物理模型能力。

4. 加强对获取信息能力的考查

获取信息能力是信息时代对人才素质的新要求，也是学生终身发展首要培养的能力。获取信息能力要求学生具备发现收集信息、理解信息、提取有效信息、应用信息等能力。2019年高考全国卷物理试题注重利用文字、图像、图表等呈现丰富的物理信息，要求学生通过阅读与观察，能够从中获取信息，建立文字、图像、图表等不同信息呈现方式之间的联系，构建正确的物理图景、物理模型。

例7：（全国Ⅰ卷第21题）在星球M上将一轻弹簧竖直固定在水平桌面上，把物体P轻放在弹簧上端，P由静止向下运动，物体的加速度a与弹簧的压缩量x间的关系如图6中实线所示。在另一星球N上用完全相同的弹簧，改用物体Q完成同样的过程，其a-x关系如图中虚线所示。假设两星球均为质量均

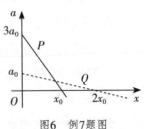

图6　例7题图

匀分布的球体。已知星球M的半径是星球N的3倍,则( )。

　　A. M与N的密度相等

　　B. Q的质量是P的3倍

　　C. Q下落过程中的最大动能是P的4倍

　　D. Q下落过程中弹簧的最大压缩量是P的4倍

　　答案:AC

　　分析:本题利用物体加速度和弹簧压缩量之间关系的图像,考查学生的信息获取加工、逻辑推理等关键能力;要求学生从a-x关系图像中得到M、N星球表面的重力加速度之比为3:1,P、Q在M、N星球表面的重力之比为1:2,然后结合万有引力定律、牛顿定律、动能定理等知识进行综合分析判断,得出结论。

　　例8:(全国Ⅲ卷第20题)如图7(a),物块和木板叠放在实验台上,物块用一不可伸长的细绳与固定在实验台上的力传感器相连,细绳水平。$t=0$时,木板开始受到水平外力F的作用,在$t=4s$时撤去外力。细绳对物块的拉力f随时间t变化的关系如图7(b)所示,木板的速度v与时间t的关系如图7(c)所示。木板与实验台之间的摩擦可以忽略。重力加速度取$g=10m/s^2$。由题给数据可以得出( )。

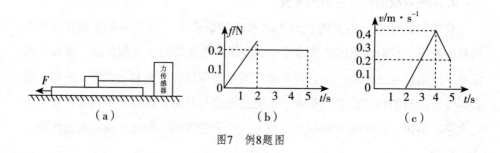

图7　例8题图

　　A. 木板的质量为1kg

　　B. 2~4s内,力F的大小为0.4N

　　C. 0~2s内,力F的大小保持不变

　　D. 物块与木板之间的动摩擦因数为0.2

　　答案:AB

　　分析:本题通过教学中常见的一个演示实验设计试题,考查学生准确理

解图像的物理意义并应用相关规律解决问题的能力；要求学生通过图像呈现了拉力随时间的变化和物体速度随时间变化的关系，分析物理过程，建立图像间联系，获取有用的信息：0～2s内，物块与木板相对静止，拉力F增大，木板所受静摩擦力也增大；2～4s内，物块以0.2m/s²做匀加速运动，拉力F恒定，木板所受滑动摩擦力为0.2N；4～5s内，物块以0.2m/s²做匀减速运动，木板所受滑动摩擦力为0.2N。

另外，全国Ⅰ卷第25题，试题通过呈现碰撞前后的速度–时间图像，要求学生通过图像明确A、B碰后的运动情景，将常见的碰撞问题推陈出新；全国Ⅱ卷第21题，试题要求学生能够正确分析电磁感应过程，并能够利用图像正确表达回路电流随时间变化的关系；全国Ⅲ卷第17题，试题呈现物体的动能随高度变化的部分图像，要求学生能够从中提取重要的数据信息，并利用物理规律解决问题。这些试题都着重考查了学生从图像中获取信息能力和分析推理能力。

5. 增强对实验探究能力的考查

2019年高考全国卷物理试题以考试大纲中要求考查的实验基本原理、基本操作为基础，深入考查学生在实验中的探究能力、创新能力。试题要求学生挑选实验器材，明确实验过程，分析实验结果，改进实验措施；试题具有开放性和探究性，引导中学物理教学应重视实验课的开设，尽可能多做实验，做好实验，促进学生实验操作能力与实践能力的培养，促进学生创新意识和学科素养的培养。

例9：（全国Ⅰ卷第23题）某同学要将一量程为250μA的微安表改装为量程为20mA的电流表。该同学测得微安表内阻为1200Ω，经计算后将一阻值为R的电阻与微安表连接，进行改装。然后利用一标准毫安表，根据图8（a）所示电路对改装后的电表进行检测（虚线框内是改装后的电表）。

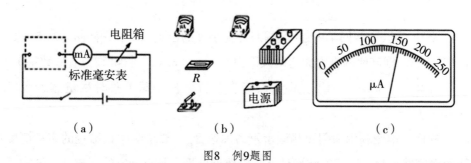

图8　例9题图

（1）根据图8（a）和题给条件，将8（b）中的实物连线。

（2）当标准毫安表的示数为16.0mA时，微安表的指针位置如图8（c）所示，由此可以推测出所改装的电表量程不是预期值，而是_____。（填正确答案标号）

A. 18mA   B. 21mA   C. 25mA   D. 28mA

（3）产生上述问题的原因可能是_____。（填正确答案标号）

A. 微安表内阻测量错误，实际内阻大于1200Ω

B. 微安表内阻测量错误，实际内阻小于1200Ω

C. R值计算错误，接入的电阻偏小

D. R值计算错误，接入的电阻偏大

（4）要达到预期目的，无论测得的内阻值是否正确，都不必重新测量，只需将阻值为R的电阻换为一个阻值为kR的电阻即可，其中k=_____。

答案：（1）略　（2）C　（3）AC　（4）99/79

分析：本题是一道电表改装实验试题，即将一小量程的微安表改装为大量程的电流表。试题设置了电路的连接、电表的校准、问题分析与排除等内容，考查了学生在课内实验基础上解决实验过程中出现的问题的能力。

例10：（全国Ⅲ卷第22题）甲乙两位同学设计了利用数码相机的连拍功能测重力加速度的实验。实验中，甲同学负责释放金属小球，乙同学负责在小球自由下落的时候拍照。已知相机每间隔0.1s拍1幅照片。

（1）若要从拍得的照片中获取必要的信息，在此实验中还必须使用的器材是_____。（填正确答案标号）

A. 米尺   B. 秒表   C. 光电门   D. 天平

（2）简述你选择的器材在本实验中的使用方法。

答：_____。

（3）实验中两同学由连续3幅照片上小球的位置a、b和c得到ab=24.5cm、ac=58.7cm，则该地的重力加速度大小为g=_____ m/s²。（保留2位有效数字）

答案：（1）A　（2）将米尺竖直放置，使小球下落时尽量靠近米尺（3）9.7

分析：本题利用频闪照相法求重力加速度g，要求学生在给定的实验情境下挑选实验器材，进行实验设计及实验数据处理，具有一定的开放性，鼓励学生从多角度思考问题，灵活应用相关知识解决实际问题，体现了对学生探究能力、创新能力的考查。

另外，全国Ⅱ卷第23题，试题要求学生在掌握基本电学实验如伏安法测量电阻、小灯泡的伏安特性测量等实验的基础上，探究硅二极管在恒定电流条件下的正向电压与温度的关系，全面考查学生的实验能力、探究能力、创新能力等。

为了引导中学开设好选修模块的实验，加强选修模块实验的教学，全国Ⅱ卷第34题（2）考查了利用双缝干涉测量单色光波长的实验，全国Ⅲ卷第33题（1）考查了用油膜法估测分子大小的实验，两道实验试题均来自教材中的基本实验，考查学生对实验原理、实验步骤和关键实验方法的理解和掌握。同时试卷还多次以实验为背景创设问题情境，充分体现出物理学科以实验为基础的鲜明特点，考查学生的科学探究意识，如全国Ⅲ卷第20题，在探究滑动摩擦力与哪些因素有关的演示实验基础上，深入研究水平外力拉动木板运动的相关问题；全国Ⅲ卷第34题（1），以水波的干涉演示实验为背景素材，对机械波干涉特点进行考查；全国Ⅱ卷第34题（1），以单摆测量重力加速度g的大小实验为情境，对小球的运动周期、位移等问题进行考查。

6. 重视联系实际、关注时代的发展

学生应能够将物理学习中形成的物理观念和科学思维用于分析、解决生产生活中的问题，从而促进物理学科素养的进一步提升和发展。2019年全国卷物理试题注重将物理基本概念、基本规律与社会发展、科技进步、生产生活实际密切联系在一起，通过真实的问题情境考查学生灵活运用所学物理知识解决实际问题的能力。

例11：（全国Ⅰ卷第16题）最近，我国为"长征九号"研制的大推力新型火箭发动机联试成功，这标志着我国重型运载火箭的研发取得突破性进展。若某次实验中该发动机向后喷射的气体速度约为3km/s，产生的推力约为4.8×10^6N，则它在1s时间内喷射的气体质量约为（　　　）。

A. 1.6×10^2kg　　　　　　　　B. 1.6×10^3kg

C. 1.6×10^5kg　　　　　　　　D. 1.6×10^6kg

答案： B

分析： 本题以我国正在研制的"长征九号"大推力火箭发动机为背景命

题，考查学生应用动量定理计算发动机在单位时间内喷射的气体质量，引导学生关注我国在重型运载火箭研发方面的进展；提升学生学习物理的兴趣，增强学生的民族自信心和自豪感。

例12：（全国Ⅱ卷第14题）2019年1月，我国嫦娥四号探测器成功在月球背面软着陆。在探测器"奔向"月球的过程中，用h表示探测器与地球表面的距离，F表示它所受的地球引力，能够描F随h变化关系的图像是（　　　）。

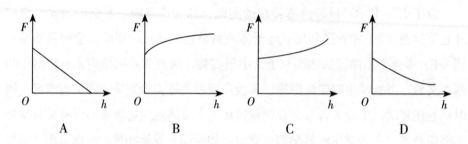

答案： D

分析： 本题以我国嫦娥四号探测器成功在月球背面软着陆为素材命题，要求学生分析探测器在"奔月"过程中所受万有引力的变化图像，引导学生关注物理学定律与航天技术等现代科技的联系，关注宇宙，关注科学，提高学习科学兴趣，培养科学献身精神。

例13：（全国Ⅱ卷第25题）一质量为$m=2000kg$的汽车以某一速度在平直的公路上匀速行驶。行驶过程中，司机忽然发现前方100m处有一警示牌，立即刹车。刹车过程中，汽车所受阻力大小随时间变化可简化为图9（a）中的图线。图9（a）中，$0 \sim t_1$时间段为从司机发现警示牌到采取措施的反应时间（这段时间内汽车所受阻力已忽略，汽车仍保持匀速行驶），$t_1=0.8s$；$t_1 \sim t_2$时间段为刹车系统的启动时间，$t_2=1.3s$；从t_2时刻开始汽车的刹车系统稳定工作，直至汽车停止，已知从t_2时刻开始，汽车第1s内的位移为24m，第4s内的位移为1m。

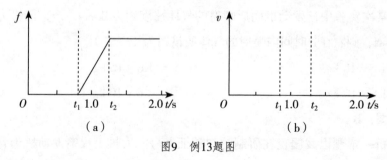

图9　例13题图

（1）在图9（b）中定性画出从司机发现警示牌到刹车系统稳定工作后汽车运动的v–t图线。

（2）求t_2时刻汽车的速度大小及此后的加速度大小。

（3）求刹车前汽车匀速行驶时的速度大小及$t_1 \sim t_2$时间内汽车克服阻力做的功；司机发现警示牌到汽车停止，汽车行驶的距离约为多少（以$t_1 \sim t_2$时间段始末速度的算术平均值替代这段时间内汽车的平均速度）？

答案：（1）略 （2）$a=8m/s^2$，$v_2=28m/s$ （3）$30m/s$ 1.16×10^5J $87.5m$

分析： 本题以汽车刹车过程中的运动情况为背景命题，考查牛顿运动定律、运动学公式、动能定理等内容，要求学生在分析实际问题的过程中能主动构建物理模型，学以致用，引导学生关注日常生活中的物理问题，树立交通安全意识。

7. 渗透新课标理念，体现与新高考的衔接

2017年上海、浙江两个省市的考生已经完成首次新高考；2020年开始其他省市地区的考生也将陆续进入新高考。2019年高考全国卷物理试题结合物理学科特点和核心素养的要求，完善考核目标的内涵，探索不同水平层级核心素养的考查方式，力求为新课标的实施及新高考中的等级性考试命题积累经验。

例14：（全国Ⅲ卷第14题）楞次定律是下列哪个定律在电磁感应现象中的具体体现？（ ）

A. 电阻定律   B. 库仑定律

C. 欧姆定律   D. 能量守恒定律

答案： D

分析： 本题考查对楞次定律的理解，让学生认识楞次定律是能量守恒定律在电磁感应现象中的具体体现。试题达到"物理观念"核心素养中"能量观念"的"水平1"要求：初步了解所学的物理概念和规律，能将其与相关的自然现象和问题解决联系起来。

例15：（全国Ⅱ卷第17题）如图10，边长为l的正方形$abcd$内存在匀强磁场，磁感应强度大小为B，方向垂直于纸面（$abcd$所在平面）向外。ab边中点有一电子发射源O，可向磁场内沿垂直于ab边的方向发射电子。已知电子的比荷为k。则从a、d两点射出的电子的

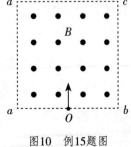

图10 例15题图

速度大小分别为（　　　）。

A. $\dfrac{1}{4}kBl$，$\dfrac{\sqrt{5}}{4}kBl$　　　　　　　B. $\dfrac{1}{4}kBl$，$\dfrac{5}{4}kBl$

C. $\dfrac{1}{2}kBl$，$\dfrac{\sqrt{5}}{4}kBl$　　　　　　　D. $\dfrac{1}{4}kBl$，$\dfrac{5}{4}kBl$

答案： B

分析： 本题考查带电粒子在磁场中的运动，要求学生能够正确分析得到从 a、d 两点射出的电子的轨道半径，根据粒子所受洛伦兹力提供向心力进行求解，得出结果。试题达到"科学思维"核心素养中"科学推理"的"水平2"要求：能对比较简单的物理问题进行分析和推理，获得结论。

例16：（全国Ⅲ卷第24题）空间存在一方向竖直向下的匀强电场，O、P 是电场中的两点。从 O 点沿水平方向以不同速度先后发射两个质量均为 m 的小球 A、B。A 不带电，B 的电荷量为 q（$q>0$）。A 从 O 点发射时的速度大小为 v_0，到达 P 点所用时间为 t；B 从 O 点到达 P 点所用时间为 $\dfrac{t}{2}$。重力加速度为 g，求：

（1）电场强度的大小；

（2）B 运动到 P 点时的动能。

答案：（1）$E=\dfrac{3mg}{q}$　（2）$E_k=2m\left(v_0^2+g^2t^2\right)$

分析： 本题考查带电粒子在复合场中运动，要求学生合理建构模型，明确带电粒子的运动是类平抛运动模型。试题达到"科学思维"核心素养中"模型建构"的"水平3"要求：能在熟悉的问题情境中根据需要选用所学的恰当模型解决简单的物理问题。

例17：（全国Ⅱ卷第23题）某小组利用图11（a）所示的电路，研究硅二极管在恒定电流条件下的正向电压 U 与温度 t 的关系，图11中 V_1 和 V_2 为理想电压表；R 为滑动变阻器，R_0 为定值电阻（阻值100Ω）；S 为开关，E 为电源。实验中二极管置于控温炉内，控温炉内的温度 t 由温度计（图中未画出）测出。图11（b）是该小组在恒定电流为50.0μA时得到的某硅二极管 U-t 关系曲线。回答下列问题：

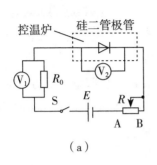
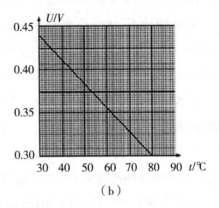

图11 例17题图

（1）实验中，为保证流过二极管的电流为50.0μA，应调节滑动变阻器R，使电压表V_1的示数为$U_1=$_____mV；根据图11（b）可知，当控温炉内的温度t升高时，硅二极管正向电阻_____（填"变大"或"变小"），电压表V_1示数_____（填"增大"或"减小"），此时应将R的滑片向_____（填"A"或"B"）端移动，以使V_1示数仍为U_1。

（2）由图11（b）可以看出U与t呈线性关系，硅二极管可以作为测温传感器，该硅二极管的测温灵敏度为 $|\dfrac{\Delta U}{\Delta t}|=$_____$\times 10^{-3}$V/℃（保留2位有效数字）。

答案：（1）5.00 变小 增大 B （2）2.8

分析：这是一道在测量小灯泡伏安特性曲线实验的基础上设计的试题，要求学生理解实验原理，分析测量数据得出的U-t关系图像，发现二极管在恒定电流条件下的正向电压U与温度t的规律。试题达到"科学探究"核心素养中"证据、解释、交流"的"水平4"要求：能分析数据，发现其中规律，形成合理的结论，用已有的物理知识进行解释。

8. 淡化对应用数学知识处理物理问题能力的考查

2019年全国卷物理试题突出了对物理观念、科学思维的考查，淡化了对应用数学知识处理物理问题能力的考查，物理味更为浓厚；特别是计算题，注重基础、强调主干，淡化解题技巧，没有出现烦琐的数学运算，突出考查学生运用基本物理规律解决问题的能力，促进学生学科素养的提升。

例18：（全国Ⅲ卷第25题）静止在水平地面上的两小物块A、B，质量分别为$m_A=1.0$kg，$m_B=4.0$kg；两者之间有一被压缩的微型弹簧，A与其右侧的竖直墙壁距离$l=1.0$m，如图12所示。某时刻，将压缩的微型弹簧释放，使A、B瞬间分离，

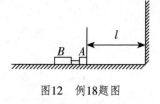

图12　例18题图

两物块获得的动能之和为$E_k=10.0$J。释放后，A沿着与墙壁垂直的方向向右运动。A、B与地面之间的动摩擦因数均为$\mu=0.20$。重力加速度取$g=10$m/s²。A、B运动过程中所涉及的碰撞均为弹性碰撞且碰撞时间极短。

（1）求弹簧释放后瞬间A、B速度的大小；

（2）物块A、B中的哪一个先停止？该物块刚停止时A与B之间的距离是多少？

（3）A和B都停止后，A与B之间的距离是多少？

答案：（1）$v_A=4.0$m/s，$v_B=1.0$m/s　（2）B先停止　0.5m　（3）0.91m

分析：本题以物块A、B多次弹性碰撞和多过程运动为背景，考查动量守恒定律、动能守恒、牛顿运动定律、运动学公式等物理主干知识；要求学生能够对运动的每个分过程仔细分析，建立清晰的物理图景，运用基本物理规律解决相应问题。试题应用数学知识处理问题能力要求不高，但入手容易深入难，突出考查学生物理建模、分析综合等方面的能力。

📖 **参考文献**

［1］中华人民共和国教育部.普通高中物理课程标准（2017年版）［M］.北京：人民教育出版社，2018.

［2］教育部考试中心.2019年普通高等学校招生全国统一考试大纲（理科）［M］.北京：高等教育出版社，2018.

2012—2016年高考物理（新课标卷）实验试题分析及教学启示

物理实验是物理教学的基础，在物理概念的形成、物理规律的掌握过程中都具有十分重要的作用；物理实验也是历年高考的热点、重点和难点。物理实验考试所反映出来的物理原理、物理过程和方法等内容，不仅能够全方位地考查出学生对物理知识的掌握情况，还能较好地考查学生的理解、逻辑思维和探究推理等各方面的能力。因此，分析近5年高考物理（新课标卷）实验试题的命题思想和考查要求，对于指导中学物理实验教学，提高教师实验教学水平，培养学生实验分析综合能力、创新能力，以及提高高考实验复习教学效率都有着重要的意义。

一、2012—2016年高考物理（新课标卷）实验试题分析（见表1）

表1　实验试题考查情况统计

年份	题号分值	考题内容	考查要点	考查特点	实验原型
2012年	22（5）	螺旋测微器读数	实验读数	实验原型：练习使用螺旋测微器	螺旋测微器
	23（10）	①实物连线；②完成实验步骤；③推导B的表达式；④判断B方向的方法	实验原理、画原理图（实物连线）、实验步骤、数据处理（字母）	实验创新：电流天平测量磁感应强度	

年份	题号分值	考题内容	考查要点	考查特点	实验原型
2013年 I	22（7）	①游标卡尺读数；②推导a的表达式；③推导μ的表达式；④误差分析	实验原理、实验读数、数据处理（字母）、误差分析	①实验原型：游标卡尺使用；②实验拓展：测量动摩擦因数	①游标卡尺；②验证牛顿运动定律
	23（8）	①欧姆调零；②表笔接法；③多用电表读数；④测量电压表内阻；⑤计算电表内电源电动势	实验原理、实验读数、数据计算（数字）	实验变式：测量多用电表内电源电动势	测量电源电动势和内阻
2013年 II	22（8）	①需测量的物理量；②推导E_k的表达式；③讨论$S-\Delta X$图像	实验原理、数据处理（字母）、表格图像	实验创新：探究弹簧弹性势能	
	23（7）	①实物连线；②电表改装与应用；③表笔接法；④求改装电表选用电阻大小	实验原理、实物连线、数据处理（数字）	实验拓展：改装电表	练习使用多用电表
2014年 I	22（6）	①a与m关系；②$a-m$图像不过原点原因；③实验改进措施、满足条件	实验原理、误差分析	实验变式：研究加速度与钩码质量的关系	验证牛顿运动定律
	23（9）	①推导$1/I$与R的关系式；②电流表读数；③作$1/I-R$图像，求斜率截距；④求Er	实验原理、实验读数、表格图像、数据处理（数字）	实验变式：利用电流表与电阻箱测Er	测量电源电动势和内阻
2014年 II	22（6）	①内外接法选择；②误差分析	实验原理、误差分析	实验原型：伏安法测电阻	测定金属的电阻率
	23（9）	①补充数据；②$1/k-n$图像；③求k与n的关系式，求k与t_0表达式	数据处理（数字）、表格图像	实验拓展：探究弹簧劲度系数k与长度的关系	探究弹力与弹簧伸长量的关系

年份	题号分值	考题内容	考查要点	考查特点	实验原型
2015年 I	22 (6)	①托盘秤读数；②求对桥的压力、小车的速度	实验原理、数据处理（数字）	实验拓展：圆弧刻度测力计 实验创新：测小车过凹桥最低点速度	
	23 (9)	①求电表改装电阻大小；②仪器选择；③电路故障	实验原理、数据处理（数字）	实验拓展：改装双量程电流表	练习使用多用电表
2015年 II	22 (6)	①纸带处理；②选需测物理量	实验原理、数据处理（数字）	实验拓展：测量动摩擦因数	研究匀变速直线运动
	23 (9)	①设计电路图；②实验步骤；③误差分析	实验原理、画原理图（实物连线）、实验步骤、误差分析	实验变式：半偏法测电压表内阻	测定金属的电阻率
2016年 I	22 (5)	①纸带处理；②求交流电频率	实验原理、数据处理（字母、数字）	实验拓展：求交流电频率	验证机械能守恒定律
	23 (10)	①设计实验电路；②仪器选择；③实验步骤填空	画原理图（实物连线）、实验步骤	实验创新：组装热敏电阻报警系统	传感器的简单使用
2016年 II	22 (5)	①实验步骤；②纸带处理	实验步骤、数据计算（数字）	实验拓展：探究弹簧弹性势能	研究匀变速直线运动
	23 (10)	①仪器选择；②实物连线；③计算内阻等	实验原理、画原理图（实物连线）、数据计算（数字）	实验拓展：测量电压表内阻	测定金属的电阻率
2015年 III	22 (5)	①设计实验电路、实物连线；②提出建议	实验原理、画原理图（实物连线）	实验创新：有关安培力的实验	
	23 (10)	①利用$s-t$图像求a；②利用$a-n$图像求m；③误差分析	数据计算（数字）、误差分析	实验变式：探究a与F的关系	验证牛顿运动定律

二、2012—2016年高考物理（新课标卷）实验试题命题特点

（1）新课标理综试卷物理学科占110分，其中实验试题15分，所占分值比例为13.6％。实验试题以力电组合形式呈现，几乎都是一小一大的格局。数据统计表明，近5年10套试卷中力学实验占72分，电学实验占73分，基本仪器使用单独成题考查占5分，力电实验考查比例相当；试题阅读量和信息量都较大，5年10套试卷平均字数超过500字。实验试题通过填空、选择、连线、作图等题型进行考查；命题重点主要是基本仪器使用、实验操作、实验线路（包括电路图和实物连线）及数据处理等。

（2）实验试题主要考查了课程标准中科学探究和实验能力要求的"分析与论证""进行实验与收集证据""制定计划与设计实验"和"评估"四项要素，而对"提出问题""猜想与假设"和"交流与合作"三项要素在实验试题中基本没有体现。

（3）实验试题注意把真实的实验器材或实验过程中的某一时刻状态作为实验题的背景，由此提出问题来进行命题考查，以达到关注学生对知识的获取过程，考查学生对实验细节的把握的目的。实验试题的背景学生比较熟悉，均是由学生熟知的经典实验，甚至经典习题改编而来（如图1～图6所示），这消除了学生考试焦虑感，有利于学生将真实的实验水平发挥出来。

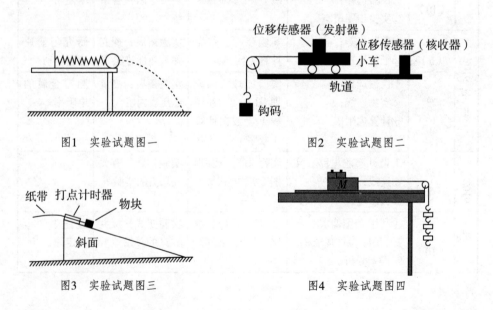

图1　实验试题图一

图2　实验试题图二

图3　实验试题图三

图4　实验试题图四

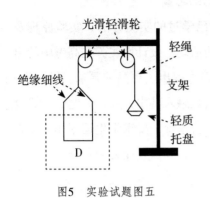

图5 实验试题图五

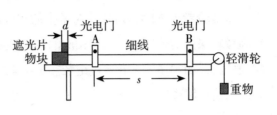

图6 实验试题图六

三、2012—2016年高考新课标物理实验试题的考查情况

1. 重视对学生正确使用基本仪器的考查

会正确使用基本仪器是指了解基本仪器的构造、明确其工作原理、掌握其操作方法并能对测量结果进行正确的读数，等等。2012—2016年新课标物理实验试题中对基本仪器的读数及基本操作每年都要进行考查，如2012年考查螺旋测微器读数；2013年Ⅰ卷考查的游标卡尺读数及多用电表的读数和操作；2014年Ⅰ卷考查电流表读数；2015年Ⅰ卷考查托盘秤的读数，等等。另外在电学实验中，对滑动变阻器的分压式或限流式连接，电流表、电压表的操作使用，几乎每年也都会考查到，这些也要求考生熟练掌握各种仪器的使用方法、操作规程，正确地进行测量和读数。

2. 重视对学生数据分析处理能力的考查

实验就是让学生切身经历"感知数据、认识数据、分析数据、探索与发现数据规律"的过程。对实验数据进行处理，从而得出数据规律或结论，是实验的重要目的。在高中阶段数据的处理一般利用列表法和作图法两种，作图法具有处理数据直观、误差小、易发现错误数据和求出某些物理量等优点，从而成为高考考查的主要热点之一。如2014年Ⅱ卷探究弹簧劲度系数k与长度的关系，根据实验数据作出$1/k-n$图像探究物理实验规律，考查学生的作图能力，分析处理实验数据的能力及探究能力；2016年Ⅲ卷探究a与F的关系，利用$a-n$图像求小车（空载）的质量，并指出没有平衡摩擦力$a-n$图像将如何变化，考查学生对实验原理的理解能力、识图能力和误差分析能力。

3. 重视对学生的实验设计能力、探究能力的考查

设计性实验是学生根据实验目的，运用已学过的实验方法、实验原理及实验仪器进行设计和验证的假设性思维和实践活动。设计性实验在高考中的出现，将实验考查推向了顶峰，对学生的实验能力提出了更高的要求。纵观近5年高考新课标实验试题，都有相应的设计性实验融入其中，并且命题的方式也相当广泛，如2016年 I 卷通过组装热敏电阻报警系统，要求学生运用相关知识和新的信息解决实际问题，体现了对学生设计能力和探究能力的考查。

四、高考实验复习备考策略

1. 重视实验操作，加强动手能力的培养

实验操作是为了得出实验数据，因此动手操作是实验的主体，没有实验操作过程，实验也就失去了它本身的意义。在高考实验备考复习过程中，为了加强感性认识，应该强化学生动手能力的培养，应抽出一定的时间组织、指导学生到实验室将考纲要求的实验重做一遍。在近5年高考新课标实验试题中，电路连线的试题较多，都是考查实际操作能力的典型实验题，但发现学生做这些试题出错率很高。这一方面说明学生的实际操作能力差，动手做实验的经验不足；另一方面也说明在平时的教学过程中，学生把实际操作通过纸面上的画线表达出来这种能力，没有得到针对性的训练。

2. 加强对实验数据分析与处理能力的培养

对实验数据进行分析与处理，是实验的目的。这类试题多是给出实验数据，如给定标好长度的纸带，给定数据表，让考生从这些数据中得出结论；考生必须学会数据处理的方法，切实用好图像法、列表法、解析法、观察法等。特别要掌握好图像法处理实验数据的方法，即能够根据已知的数据通过描点、连线作出图线，再利用作出的图线分析推理得出实验结论。

3. 注意适度对教材实验进行拓展和延伸

高考物理实验题很少有和课本上实验一模一样的问题，但大都源于教材，只是稍有变化；对于这类实验试题，好多学生解题时感觉无从下手，其最主要的原因往往与没有真正理解教材中实验的原理有关，这就要求我们在实验备考复习时要将精力放在教材中的基本实验上，要认真体会每个实验原理和设计意图，着重去思考这些实验有哪些可以拓展延伸的地方，不仅"知其然"，

更要"知其所以然"。比如，在复习长度的测量实验时，可延伸游标卡尺的放大原理；在复习研究匀变速直线运动实验时，可延伸测量速度、加速度的多种方法；在复习描绘小灯泡的伏安特性曲线实验时，可延伸描绘其他线性与非线性元件的伏安特性曲线；在复习测电源电动势和内阻实验时，可延伸到其他测定方案设计。

4. 重视实验知识的归纳与总结

高三备考复习，目的是掌握更加丰富的学科知识，使知识体系系统化、网络化，同时物理思维能力也得以加强。因此，复习应该站在更高的角度，有意识地引导学生对所学的实验知识加以归纳、总结。比如，可以利用纸带串联力学实验，即利用纸带可以验证机械能守恒定律、探究动能定理、测定动摩擦因数、测量重力加速度、测小车的功率、测电动机的转速等；如测量电源电动势和内阻实验，可以利用电流表和电压表测量、利用电流表和电阻箱测量、利用电压表和定值电阻测量、利用电流表和定值电阻测量、利用两只电压表测量、利用两只电流表测量等方法；如测量电阻可以用伏安法，还可以用半偏法、等效法、直接用欧姆表测量法等方法。

5. 注意物理习题的实验设计价值的挖掘

分析近5年高考物理实验试题，发现很多设计性实验的原型就来源于物理习题，如2012年利用电流天平测量磁感应强度实验；2015年Ⅰ卷测小车过凹桥最低点速度；2016年Ⅰ卷利用热敏电阻组装报警系统；2016年Ⅲ卷进行有关安培力的实验，这些试题都有平时做过的习题痕迹，有的甚至就是由课本中的练习题改编而来。因此，在平时的教学复习过程中，应注意物理习题的实验设计价值的挖掘，有条件的可以开展物理习题教学实验化理论与实践的专题研究。

6. 加强实验设计能力的培养

实验设计是在理解实验原理的基础上对实验方法的迁移和灵活运用，是实验素质和综合能力的集中体现，是创新精神的体现，也是高考的考查热点。在实验复习中，要有意识地培养学生的实验设计能力和创新意识。例如，可以把教材中的验证性实验改为探究性实验，把演示实验改为探究性实验，把课后习题改为学生实验，等等，尽量创造条件通过实验来训练学生解决物理问题的能力。当然，还必须让学生做一些有关实验设计的题目，达到加强学生实验原理和设计思想的迁移应用能力培养的目的。

参考文献

［1］孟拥军.百花齐放引领潮流——2012年高考物理实验题分析与思考［J］.物理教师，2012（11）.

［2］耿玉盛.江苏省近6年高考物理力学实验题分析［J］.物理教师，2013（12）.

［3］中华人民共和国教育部.普通高中物理课程标（实验）［M］.北京：人民教育出版社，2003.

2013年全国高考理综（新课标1）物理试题命题特点分析

2013年高考理综物理试题总体印象是：回归经典、注重基础；全面考查了学科的主体内部，各部分比例合适；注重学科能力的考查，体现了能力立意的原则；试题源于教材，高于教材，新而不偏，活而不怪；既保持了连续性和稳定性，又体现出试题的创造性和灵活性；是一套适合中学物理教学实际，让师生较为满意的高考试卷。

一、结构合理，突出主干知识

2013年高考物理试卷能抓住高中物理的主干知识，注重考查学生对基本概念、基本规律的理解。试卷中，必考部分考查了牛顿运动定律、功能关系、万有引力和匀速圆周运动、静电场的场强、电场力做功、带电粒子在电场或磁场中运动、电磁感应等主干知识；选考部分考查了气体实验定律、光的折射和全反射、动量守恒定律等主干知识；对于高中物理的其他部分，虽然不可能全面考查，但也有题目涉及。这种重点考查学科主干知识并兼顾其他非主干知识的思路，对中学物理教学会起到良好的导向作用。

二、联系实际，体现课改特色

物理与生产生活有着紧密的联系，在科技发展中起着重要的作用，因而新课改着重强调了"从生活走向物理，由物理走向社会"的理念。2013年高考物理试卷中就有不少体现这一理念的试题，如第20题是以神舟九号飞船与天宫一号交会对接为背景考查万有引力定律、能量转化等基础知识；第21题是根据歼–15舰载机在辽宁号航空母舰上着舰为背景进行命制的，试题合理简化其运动过程，结合V-t图像而精心设问，考查视角新颖，内涵丰富，能力指向明确。

三、注重过程分析，考查识图能力

图像、图形和图表是常用的基本物理语言。2013年高考物理试题注重物理过程的分析，注重识图、析图、用图、绘图能力的考查，如第14题从伽利略当年的图表数据得出物体运动的距离与时间的平方成正比的结论；第17题利用回路中电流i与时间t的关系图线考查电磁感应、欧姆定律、电阻定律等；第19题要求能分析汽车a和b的x-t图线得出a、b位置关系及速度大小关系；第21题要求能从v-t图像中得出飞机钩住阻拦索后作为减速运动过程的加速度；第24题要求理解题意，分析过程，画出直角坐标图示，利用三角形相似等知识进行求解。

四、关注物理思想、物理方法考查

学习物理的目的就是让学生在掌握物理知识的同时，领悟物理学科的思想和方法，提高思维能力，提升科学素养。物理问题的解决离不开各种思想方法的应用，2013年高考试题对物理思想、物理方法的考查十分丰富，如第14题考查了科学探究思想；第15题需要从对称角度找到圆盘Q在d点的场强；第16题要用类比的方法进行讨论，第22题利用极限思维求物块的速度；第23题利用等效方法将"×1k"档多用电表看成"等效电源"；第25题利用微分法得出金属棒在导轨上滑动时所受安培力大小的表达式，等等。

五、实验知识重组，增强考查效果

实验题在高考中占有重要地位，是物理学科特点的具体体现，2013年高考实验试题有三方面的特点：

1. 考查的视角新

两道实验题均创设了有别于教材中实验的新情境，但问题的解决又是教材中实验所运用的方法，如第22题力学实验是利用光电门测量求出物块速度，然后利用运动学、牛顿定律得出物块与水平桌面之间的动摩擦因数；第23题电学实验是教材中多用电表使用、测量电源电动势和内阻两个实验的重组，体现了等效替代的实验思想。从新的视角设计实验问题，真正实现了对学生实验能力的考查，这有利用于引导教师重视实验教学，有利于引导学生认真理解实验原理，积极参与物理实验操作过程。

2. 考查内容全

两道实验题一力一电，既有对仪器使用、实验原理的考查，又有对实验规范操作的考查，还有对实验误差分析的考查，如第22题游标卡尺读数，考查了基本器仪使用；细线没调整水平，引起的误差为系统误差，考查了误差分析。第23题多用电表使用前应两表笔短接调零，考查了实验仪器的规范操作；多用电表的红笔应与1端相连，考查了对多用电表内部结构的理解；多用电表和电压表读数，考查了基本仪器的使用；计算多用电表内电池电动势、内部电路总电阻考查了测量电源电动势和内阻的实验原理。

3. 考查范围更广

除了两道实验试题外，选择题第14题对实验数据分析处理从而得出实验结论进行考查。

六、试题中存在的不足

（1）试卷整体难度略偏大，不利于中学物理教学。

（2）试题内容相对稳定，会导致投机取巧的教学现象出现，不利于学生物理学科能力培养。

（3）计算题第一道试题难度设置太大，削弱了试卷的亲和力，不利于考生能力的正常发挥，也影响了试卷的区分度。

2008—2012年高考新课标全国卷
理综物理试题分析

一、选择题分析

1. 近5年高考理综试卷物理选择题知识点考查情况分析（见表1）

表1　高考物理选择题考查情况统计

	2008年	2009年	2010年	2011年	2012年
14	安培力方向（左手定则）	力学物理学史	电磁学物理学史	安培定则、地磁场	惯性说法
15	电路的串并联知识	万有引力、天体运动	胡克定律	力与运动的关系、动能	平抛运动
16	电磁感应、右手定则	带电粒子在电磁场中运动、右手定则	$v-t$图像、功率、动能定理	功能关系、机械能守恒	受力分析、受力平衡
17	$v-t$图像、追及与相遇问题	牛顿运动定律、功率、匀变速运动规律	电场线、带电粒子在电场中运动	理想变压器	理想变压器
18	$F-t$图、$v-t$图、功	电场强度、电场线、电势、等势面	摩擦力、物体平衡	安培力、动能定理	带电粒子在复合场中运动、功能关系
19	正弦交流电产生、$i-\omega t$图	法拉第电磁感应定律、楞次定律、$i-\omega$图	电路$U-I$图像、电源效率	万有引力、人造卫星	电磁感应
20	力与运动的关系（临界问题）	力与运动的关系	万有引力、天体运动、	曲线运动条件、电场力	安培定则、楞次定律、$i-t$图像
21	平行板电容器的电容、物体平衡	物体平衡、功率	法拉第电磁感应定律、安培定则、右手定则	力与运动的关系、摩擦力	万有引力定律

2. 近5年高考理综试卷物理选择题命题特点分析

（1）四个必考模块大致按内容比例命题，个别题出现了跨模块的知识综合。8道选择题一般为4道力学试题4道电学试题，2~4题为多选题。

（2）物理主干知识成为选择题的命题重点，如物理学史和物理思想方法、力的平衡、v-t图像的理解和应用、牛顿运动定律（包括平衡）和运动学公式的应用、功能关系和机械能守恒定律的理解和应用、万有引力定律和天体运动规律、电场的性质、带电粒子在电场和磁场中的运动、楞次定律和电磁感应定律的理解和应用、变压器与交流电的性质和远距离输电等。

（3）突出对图像的考查，并且试题配图较多，意在考查学生从图像中获取信息能力。分析的五套试卷中40道选择题有28道题有配图，其中10道题直接对物理图像进行考查。

（4）突出物理模型和建模能力（如对象模型、过程模型、运动模型、状态模型等），物理学方法使用（如极限分析法、等效替换法、图像分析法、对称分析法等），物理学基本观点应用（如力与运动的观点、能量观点、功能关系等）的考查，如2010年第17题静电除尘器电场模型建立；2012年第19题利用等效替换方法考查电磁感应；2012年第18题带电粒子在复合场运动中渗透功能关系观点的应用等。

（5）设置情境，将物理与生活实际、科技、医疗、体育等联系，考查学生提取信息、加工信息，应用物理知识处理实际问题的能力，如2009年第16题电磁血流计、2010年第17题静电除尘、2011年第16题蹦极、第18题电磁炮等。

（6）突出考查新课标所要求的探究能力和推理能力，在数学应用（如三角函数、对数函数、三维坐标、极值问题）上保持一定的考查强度，如2009年第18题应用空间三维坐标考查电场知识；2010年第20题应用对数函数考查行星运动规律等。

（7）注重对学生了解和掌握物理学发展史实情况的考查，如2009年、2010年分别对力学物理学史和电磁学物理学史进行考查；2011年对安培假设进行考查；2012年对早期物理学家对惯性的认识进行考查等。

3. 高考物理选择题考查常见方式

（1）定性分析题。定性分析题重在考查学生对物理知识的理解能力，不用通过计算，只通过理解、分析、推理就能选出正确答案，多以鉴别关于物理概念和物理规律似是而非的说法的形式出题，考查对物理概念、物理规律含义的确切理解。

例1：（2012年）如图1，x轴在水平地面内，y轴沿竖直方向。图中画出了从y轴上沿x轴正向抛出的三个小球a、b和c的运动轨迹，其中b和c是从同一点抛出的。不计空气阻力，则（ ）。

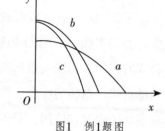

图1 例1题图

A. a的飞行时间比b的长

B. b和c的飞行时间相同

C. a的水平速度比b的小

D. b的初速度比c的大

答案：BD

点评：这是一道定性考查平抛运动规律的试题，即考查了学生对平抛物体运动时间由高度决定、平抛物体水平运动位移由初速度和高度决定的物理规律的理解。

（2）定量计算题

定量计算题具有小型计算题特点，既能考查学生运用数学知识处理物理问题的能力，又能考查学生对物理知识的理解与运用能力。定量计算选择题在选择题中属于难度比较大的类型，对考生的素质与能力具有很强的鉴别力。

例2：（2011年）卫星电话信号需要通过地球同步卫星传送。如果你与同学在地面上用卫星电话通话，则从你发出信号至对方接收到信号所需最短时间最接近于_____。（可能用到的数据：月球绕地球运动的轨道半径约为3.8×10^5km，运行周期约为27天，地球半径约为6400km，无线电信号的传播速度为3×10^8m/s）

A. 0.1s   B. 0.25s   C. 0.5s   D. 1s

答案：B

点评：这是一道考查万有引力定律的定量计算选择题。先根据万有引力和圆周运动知识求出地球质量，计算出同步卫星离地高度h，再利用$t=2h/c$求出通话时间。计算量大，要求学生的计算能力要强。

例3：（2012年）如图2，均匀磁场中有一由半圆弧及其直径构成的导线框，半圆直径与磁场边缘重合；磁场方向垂直于半圆面（纸面）向里，磁感应强度大小为B_0，使该线框从静止开始绕过圆心O、垂直于半圆面的轴以角速度ω匀速转动半周，在线框中产生感应电流。现使线框保持图中所示位置，磁感应强度大小随时间线性变化。为了产生与线框转动半周过程中同样大小的电流，磁感应强度随时间的变化率 $\dfrac{\Delta B}{\Delta t}$ 的大小应为（　　　）。

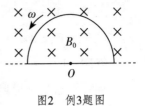

图2　例3题图

A. $\dfrac{4\omega B_0}{\pi}$ 　　　　 B. $\dfrac{2\omega B_0}{\pi}$ 　　　　 C. $\dfrac{\omega B_0}{\pi}$ 　　　　 D. $\dfrac{\omega B_0}{2\pi}$

答案：C

点评：这道题主要考查法拉第电磁感应定律。根据导线框匀速转动产生的感应电动势大小与磁感应强度大小随时间线性变化产生的感应电动势大小相等，应用电磁感应定律计算得出$\dfrac{\Delta B}{\Delta t}$的大小。

（3）图表图像题

图表图像题以研究对象的状态示意图或物理过程示意图，以及数学函数图像和数据表格为试题背景，通过图、表形式描绘出变化过程中各物理量间相互依存的变化关系，将重要信息以图、表为载体蕴含其中；主要考查从图像中提取信息、应用物理知识处理物理问题的能力。

例4：（2008年）一滑块在水平地面上沿直线滑行，$t=0$时其速度为1m/s。从此刻开始滑块运动方向上再施加一水平面作用F，力F和滑块的速度v随时间的变化规律分别如图3（a）和图3（b）所示。设在第1秒内、第2秒内、第3秒内力F对滑块做的功分别为W_1、W_2、W_3，则以下关系正确的是（　　　）。

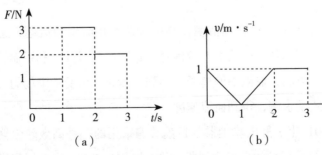

（a）　　　　　　　　（b）

图3　例4题图

A. $W_1 = W_2 = W_3$ B. $W_1 < W_2 < W_3$

C. $W_1 < W_3 < W_2$ D. $W_1 = W_2 < W_3$

答案：B

点评：这是一道典型的物理图像试题，应先从 v-t 图中获得第1秒内、第2秒内、第3秒内滑块的位移大小分别为0.5m、0.5m、1.0m的信息，然后结合 F-t 图利用功的定义分别计算各段时间功的大小。

（4）信息应用题

信息应用题具有立意新、情景活的特点，多取材于日常生活、生产实际和现代科技等各个方面的问题，考查学生获取信息的能力、分析理解能力及空间想象能力等。

例5：（2009年）医生做某些特殊手术时，利用电磁血流计来监测通过动脉的血流速度。电磁血流计由一对电极 a 和 b 及磁极N和S构成，磁极间的磁场是均匀的。使用时，两电极 a、b 均与血管壁接触，两触点的连线、磁场方向和血流速度方向两两垂直，如图4所示。由于血液中的正负离子

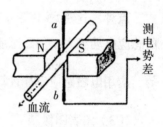

图4　例5题图

随血流一起在磁场中运动，电极 a、b 之间会有微小的电势差。在达到平衡时，血管内部的电场可看作是匀强电场，血液中的离子所受的电场力和磁场力的合力为零。在某次监测中，两触点的距离为3.0mm，血管壁的厚度可忽略，两触点间的电势差为160μV，磁感应强度的大小为0.040T。则血流速度的近似值和电极 a、b 的正负为（　　）。

A. 1.3m/s，a 正、b 负   B. 2.7m/s，a 正、b 负

C. 1.3m/s，a 负、b 正   D. 2.7m/s，a 负、b 正

答案：A

点评：这是一道设置物理情境，与医学器械相联系的试题，题目长，信息量大，学生应该能从题中获取有效信息，达到破题目的。利用血管内部的电场可看作是匀强电场，血液中的离子在达到平衡时，所受的电场力和磁场力的合力为零，列式子求解，得到血流速度。

例6：（2010年）静电除尘器是目前普遍采用的一种高效除尘器。某除尘器模型的收尘板是很长的条形金属板，图5中直线 ab 为该收尘板的横截面。工

作时收尘板带正电，其左侧的电场线分布如图所示；粉尘带负电，在电场力作用下向收尘板运动，最后落在收尘板上。若用粗黑曲线表示原来静止于P点的带电粉尘颗粒的运动轨迹，下列4幅图中可能正确的是（　　）。（忽略重力和空气阻力）

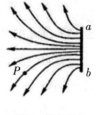

图5　例6题图

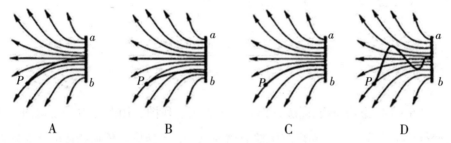

A　　　　　　　B　　　　　　　C　　　　　　　D

答案：A

点评：这是一道将物理知识与日常生活用品——静电除尘器相联系的试题。学生应该首先能够根据题中所给信息建立电场线分布模型，然后运用力与运动的关系判定粉尘的运动轨迹。

4. 2013年高考物理选择题复习备考策略

（1）紧扣课本，强化物理基础知识的理解。复习备考过程中，要求学生对物理概念、物理规律、物理定理的内容应有准确的理解并能够用语言进行正确的表述。对于物理规律、物理定理中的表述式，应弄清楚每个符号的意义，理解整个表达式的含义，尽可能把物理概念、物理规律、物理定理与具体的实验事实、实际情景相结合，加深对它们内涵的理解。

（2）着重主干知识复习，注重物理解题主要思维方法的掌握。复习备考中强化基础知识的同时，应该着重主干知识的复习，如受力的平衡、牛顿运动定律、功能关系、机械能守恒定律、万有引力定律、电场性质、楞次定律、电磁感应定律、变压器等。还要有意识地进行解题的思维方法训练：如守恒法、类比法、对称法、极端法、等效法、逆向法、整体法等。

（3）注重模块间综合，强化系统综合训练。新课标的编写按模块划分，新授课教学是分模块进行的，但高考试卷中越来越多的题目涉及模块之间综合。因此在备考复习时，应对力学综合、电学综合和力电综合给予高度重视，进行足够的综合能力训练。

（4）培养学生认真审题习惯，提高学生从题干中获取信息的能力。理解问题所描述的物理过程和状态，充分挖掘题干信息，找出相应的隐含条件，建立与背景材料相对应的物理模型，然后应用数学、物理知识进行解答。大致思路如图6：

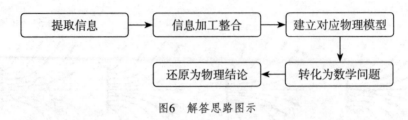

图6　解答思路图示

（5）加强图表问题训练，提高学生识图、作图、用图能力。会识图，通过坐标轴的含义，认识和理解图像的物理意义；会作图，依据物体的状态或物理过程所遵循的物理规律，作出与之对应的示意图或数学函数图像，来研究和处理问题；会用图，弄清试题中图表所反映的物理过程及规律，从中获取有效信息。

二、实验题分析

1. 近5年高考理综试卷物理实验题考查情况分析（见表2）

表2　物理实验题考查情况统计

年份	题号	分值	考查内容	考点项目	答题形式	考查实验的能力	命题出处
2008年	22题	15分	Ⅰ. 多用电表的使用	1.×10挡电阻读数	读数填空	基本仪器的使用	教材原型
				2.直流10mA挡电流读数			
				3.直流5V挡电压读数			
			Ⅱ.测量滑块和木板之间的动摩擦因数	1.通过纸带计算加速度	计算填空	实验原理、数据处理、仪器选择、误差分析	教材拓展
				2.判断需测物理量	选择填空		
				3.选择实验器材	简答填空		
				4.用测量值表示μ，误差分析	分析填空		
2009年	22题	4分	仪器的使用	1.10分度游标卡尺读数	读数填空	基本仪器的使用	教材原型
				2.螺旋测微器读数			

年份	题号	分值	考查内容	考点项目	答题形式	考查实验的能力	命题出处
2009年	23题	11分	电学综合（涉及光敏电阻、电磁开关）	1.利用给定器材设计电路	画电路图	电路设计及计算	习题拓展
				2.串并联电路计算	计算填空		
				3.电磁开关内部结构改造	简答填空		
				4.电磁铁应用举例			
2010年	22题	4分	验证机械能守恒定律	1.实验器材选择	选择填空	仪器选择、误差分析	教材原型
				2.误差分析	简答填空		
	23题	11分	伏安法测热敏电阻	1.按电路进行实物连线	连线作图	实验操作、数据处理、应用图像解决问题	教材拓展
				2.根据提供的数据描点作R_L-t图像	描点作图		
				3.电流表、电压表读数，计算电阻	读数填空		
				4.根据所作R_L-t图线由电阻读温度值	读图填空		
2011年	22题	5分	测量微安表头内阻	实验步骤填空、误差分析	简答填空	实验原理、误差分析	教材拓展
	23题	10分	测量滑块的加速度	1.推导a、v_t、s、t关系式	推导填空	实验原理、数据处理、应用图像解决问题	习题拓展
				2.根据提供的数据描点作$\dfrac{s}{t}-t$图像	描点作图		
				3.根据所作$\dfrac{s}{t}-t$图像求加速度值	读图填空		
2012年	22题	5分	仪器的使用	螺旋测微器读数	读数填空	基本仪器的使用、误差分析	教材原型
	23题	10分	电流天平测量磁感应强度	1.连接成实验电路图	连线作图	实验原理、电路设计、实验操作	习题拓展
				2.写成实验步骤	简答填空		
				3.推导B的表达式	推导填空		
				4.判断B方向的方法	简答填空		

2. 近5年高考理综试卷物理实验题命题特点

（1）实验题命题暂时不会涉及选考模块；力电组合形式、一小一大的格局基本形成；试题阅读量、信息量较大，2008—2010年的字数在500字左右，2011年的字数更是多达600余字，2012年的字数少一些，也近400字。

（2）注重基本实验、基本仪器使用的考查。"会正确使用基本仪器"是指了解基本仪器的构造、熟悉基本仪器主要部分的名称、明确其工作原理、掌握其操作方法并能对测量结果进行正确的读数等。这5年高考实验题主要考查的是多用电表、游标卡尺、螺旋测微器、打点计时器、常用电表等，另外在实验中还出现了一些现代物理实验器材，如光敏电阻、电磁开关、热敏电阻、光电门等。另外，分析5年高考试卷第22题可知，试题都是来源于教材上的基本实验，如2008年是对多用电表使用的考查；2009年是对游标卡尺和螺旋测微器的考查；2010年则是对教材上的学生实验《验证机械能守恒定律》的考查；2011年考查等效替换法测电阻；2012年是对螺旋测微器的考查。

（3）注重实验操作及设计能力的考查。实验操作能力包括对实验原理和方法的理解、仪器的选择、实验步骤顺序排列、找错纠错、补漏填空、电路连接等；实验设计能力指能运用已学过的物理理论、实验方法和实验仪器去处理问题，包括简单的设计性实验。分析5年高考试卷第23题可知，试题一般在教材原有实验原理的基础上进行拓展和变化，是设计性实验，能力要求较高，如2008年依据验证牛顿第二定律的实验进行改编；2009年要求学生根据电学和传感器知识设计电路；2010年是以热敏电阻为背景进行命题；2011年使用光电门来研究匀变速直线运动；2012年则借助电流天平测量磁感应强度，这些试题都综合考查了学生实验操作及设计能力，试题具有开放性与探究性，有较大的难度和较好的区分度，充分承担了高考选拔的功能。

（4）注重实验数据的分析与处理能力的考查。对实验数据进行正确的分析与处理，从而得出正确的实验结果或结论，是实验的重要目的。数据处理的方法一般有列表法和作图法，其中作图法由于处理数据直观、误差小、易发现错误数据和求某些物理量，已成为高考最常见的考查手段。如2010年作R_L–t关系图像进行数据分析，2011年则利用$\dfrac{s}{t}$–t关系图进行数据处理。

（5）注重分析误差能力的考查。学会分析误差的来源，尽量减小误差是做好实验的关键，也是学生以后进行科学研究所必须具备的一种素养，分析误差能力指能找到实验中可能存在的误差和消除误差的方法，会用多次测量求平均值的方法减小偶然误差。5年高考实验试题有4年都对分析误差能力进行了考查。

3. 2013年高考实验复习备考策略

（1）重视实验操作，让学生到实验室去做一做。命题者在命题时总希望把做过实验的考生和没有做过实验的考生区分开来；另外，课本中的实验不亲自做一做，学生也很难达到对实验的真正理解；所以对高中阶段要求的12种基本仪器要求学生会规范操作与读数，对16个学生实验（含5个选考模块实验）要求学生能亲自动手独立操作，只有能独立完成规定的实验，才有可能达到考试大纲中"能运用已学过的物理理论、实验方法和实验仪器去处理问题"这一要求。

（2）立足课本，同时对课本实验适度拓展和延伸。目前高考中的物理实验题，很少有与我们课本上的实验一模一样的问题，但大都是源于教材，只是稍有变化；对于这些实验题，好多同学解题时感觉无从下手，其最主要的原因往往与没有真正理解教材中实验的原理有关，这就要求我们在复习实验时仍要将精力放在课本的实验上。对于大纲规定的实验，在复习中要认真体会每个实验的原理和设计意图，要着重去思考这些实验有哪些可以拓展延伸的地方，不仅知其然，更要知其所以然。比如，在复习长度的测量实验时，可延伸到游标卡尺的放大原理；在复习研究匀变速直线运动实验时，可延伸到测量速度、加速度的多种方法；在复习描绘小灯泡的伏安特性曲线实验时，可延伸描绘其他线性与非线性元件的伏安特性曲线；在复习测电源电动势和内阻实验时，可延伸到其他测定方案设计。

（3）高考实验试题，关注重点实验。分析5年高考实验试题可以发现，命题的重点是对仪器的读数、探究牛顿第二定律、验证机械能守恒定律、器材选取和电路设计、电阻的测量等实验进行考查，这些重点实验应在备考复习中引起高度重视。

（4）重视实验的归纳与总结。学生进入高三，掌握的知识更丰富、思维能力更强；因此在复习高考时，应该站在更高的角度，对所学过的实验加以归纳、总结，如"利用纸带串联力学实验"，利用纸带可以验证机械能守恒定律、探究动能定理、测定动摩擦因数、测量重力加速度、测小车的功率、测电动机的转速等；"电源电动势和内阻的测量"，可以利用电流表和电压表测量、利用电流表和电阻箱测量、利用电压表和定值电阻测量、利用电流表和定值电阻测量、利用两只电压表测量、利用两只电流表测量等方法；如"电阻的测量方法"，有伏安法、半偏法、等效法、直接用欧姆表测量法等方法。

（5）注意物理习题实验设计价值的挖掘。分析近5年高考物理实验试题发现，高考中的很多设计性实验的原型就来源于物理习题。比如，2009年利用光敏电阻实现自动控制电路设计；2011年利用光电门测量滑块的加速度；2012年利用电流天平测量磁感应强度实验，这些试题都有平时做过的习题痕迹，有的甚至就是由课本中的练习题改编而来。

三、必考计算题分析

1. 近5年高考理综试卷物理必考计算题考查情况分析（见表3）

表3　物理必考计算题考查情况统计

年份	第24题			第25题		
	分值	考查内容	考查知识点	分值	考查内容	考查知识点
2008年	15分	万有引力：双星问题	匀速圆周运动、万有引力定律	17分	电磁学：带点粒子在组合场中的运动	牛顿运动定律、抛体运动、匀速圆周运动、带电粒子在电场及磁场中的运动
2009年	14分	动力学：体育运动冰壶比赛	匀变速直线运动、牛顿定律、动能定理	18分	电磁学：带电粒子在组合场中的运动	牛顿运动定律、抛体运动、匀速圆周运动、带电粒子在电场及磁场中的运动
2010年	14分	运动学：体育运动短跑起跑	匀变速直线运动	18分	电磁学：带电粒子在磁场中的运动	匀速圆周运动、带电粒子在磁场中的运动
2011年	13分	运动学：两汽车加速运动	匀变速直线运动	19分	电磁学：带电粒子在磁场中的运动	匀速圆周运动、带电粒子在磁场中的运动

年份	第24题			第25题		
	分值	考查内容	考查知识点	分值	考查内容	考查知识点
2012年	14分	受力分析：拖把擦地	滑动摩擦力、动摩擦因数、最大静摩擦力、物体平衡	18分	电磁学：带电粒子分别在电场、磁场中的运动	牛顿运动定律、抛体运动、匀速圆周运动、带电粒子在电场及磁场中的运动

2. 近5年高考理综试卷物理必考计算题考查特点

（1）考查内容保持稳定，试题有一定难度，选拔功能明显。物理必考计算题是2道题，总分值为32分，占试卷总分的29.0%。从计算题试题考查内容上看，计算题组合形式保持稳定，5套试卷都是力电组合形式，第一题为受力分析、运动学或动力学，第二题为带电粒子在电场、磁场中的运动。从难度上看，5套试卷计算题总体有一定难度，区分度较大，是区分学生能力高低的试题，体现出明显的选拔功能，其中第24题难度小些，且变化不大，第25题难度较大，波动也较大。

（2）以力、电、能量为主线，突出对主干知识的考查。由于新课标考纲中动量内容为选考内容，与大纲版高考计算题考查内容相比，去掉动量与动力学、能量相结合的问题，综合程度有所降低，考查内容更为集中，以力与运动、能量、电磁学为主线，交叉综合；同时力与运动、能量、电磁学也是高中物理学的主干知识，对它们的考查体现了对物理核心知识的考查。

（3）突出对能力的考查，综合考查多种能力。新课标考纲要求在考查知识的同时注重考查能力，并把对能力的考查放在首要位置；指出要考查的能力主要包括理解能力、推理能力、分析综合能力、应用数学处理物理问题的能力、实验能力；同时指出对能力的考查不是孤立的，着重对某一种能力进行考查的同时在不同程度上也考查了与之相关的其他能力。

计算题因为过程较复杂，综合性较强，其求解过程需要经历分析、推理、综合、运算的过程，能够很好地考查各种能力，鉴别学生能力的高低；计算题对5种能力的考查中，对分析综合能力、应用数学处理物理问题能力的要求相对更高。5套试卷第25题计算题3次考查带电粒子在组合场中的运动问题，两次考查带电粒子在磁场（有界磁场）中的运动问题；都是要求学生利用数学工具（三角、几何）知识解决平抛（类平抛）、圆周运动等物理学问题，对学生的分析综合能力、应用数学处理物理问题能力提出了很高的要求。

（4）计算题理论联系实际，与科技和生活紧密联系。计算题理论联系实际，与科技和生活相联系是新课标考纲的要求，也体现了新课标的基本理念，是近年来新课标高考试题的热点。理论联系实际试题多以当今社会热点和最新科技动态为立意背景，在题干中给出解题所需新知识、新情境、新方法等新信息，要求学生独立地将信息进行有效提炼、联想、类比等处理，并与原有知识衔接，进而迁移、解决问题。

5套试卷第24题计算题都是理论联系实际问题。2008年考查万有引力在天文学上的应用，与科技知识相结合，既考查学生的科学素养，又考查学生应用物理知识解决实际问题的能力；2009、2010年都以体育运动为情境考查动力学的分析方法；2011年以汽车加速为情境考查运动学的知识；2012年以拖把擦地为情境考查受力分析问题，体现关注社会生活的时代特色，体现新课程标准时代性理念。

3. 2013年高考必考计算题复习备考策略

（1）强化物理概念和规律的复习，加强对学生理解能力的训练。理解能力是基础，没有理解能力，推理能力、分析综合能力就无从谈起。在高考复习中，要指导学生建立完善的知识网络体系，理清概念和规律的形成过程，区分适用条件，对理解似是而非和错误的知识进行查漏补缺和更正，并找到相应题目进行训练。

（2）计算题专题复习，狠抓狠练主干知识。高考复习中，一轮复习注重基础知识的复习和基本能力的培养，二轮复习可突破常规，打破按知识板块专题复习的习惯安排，按选择题、实验题、计算题3种题型进行专题训练。在计算题专题训练中，可根据计算题考查重点确定专题主题；即：重要的运动形式（匀变速直线运动、平抛和类平抛运动、匀速圆周运动等）、解决力学问题的两个途径（牛顿定律与运动公式相结合的动力学和能量的方法）、带电粒子在电场磁场中的运动3个专题。复习教学中要以学生训练和教师点评归纳为主，不搞题海战，习题要精选，题型要丰富，题量要适中。

（3）有针对性地进行较为复杂计算题的解答训练，提高分析综合能力。掌握对物理综合性问题的分析思路和方法，对提高学生分析综合能力尤为重要，任何复杂的综合性问题，都是由一些基本的物理问题组合而成的，因此只要善于恰当地把一个综合性问题转化成几个单一问题，化整为零，各个击破，然后抓住各部分题意间的联系，就可以解决问题。比如，2012年第25题计算题，实际就是带电粒子在匀强磁场中做匀速圆周运动、带电粒子在匀强电场中做类平抛运动两个独立的问题，通过半径与位移组合在一起。

（4）关注理论联系实际类型计算题的训练。新课程标准要求学生了解物理知识与技能在生活、生产中的应用，关注科学技术的现状及发展趋势。该要求必然在高考试题中体现出来，理论联系实际的题目将会越来越多地出现在高考试题之中。比如，2008年第24题为双星问题，联系天文科技；2009、2010年两年第24题都是与体育运动结合的动力学问题；2012年第24题为联系实际的受力分析问题，关注社会生活的热点，紧跟时代。高考复习中要关注理论联系实际，选取贴近生活和社会的物理情境题进行训练，重点培养学生把生活、生产中的实际问题转化为物理过程，构建物理模型的能力。

（5）加强解题规范性训练，避免不必要的失分。高考计算题既考查学生的推理和解题的思维过程，又考查学生逻辑推理和文字表达能力。解题的规范化要求解题过程的表述简洁明确，从而准确地把学生的知识水平和能力水平充分地反映出来，有利于阅卷老师客观、公正地评价学生。另外，解题规范化还能培养学生的逻辑思维能力，养成有理有据地分析问题的良好习惯和科学态度。因此，高考复习中进行解题规范化训练是非常必要的。

解题规范化要求答题过程简单，列必要的方程和表达式，写出最后结果。列方程时每一步都必须列最基本的方程式子，不要写变形的表述式，不要随意更改已知物理量的符号，不要把复杂的运算过程写在试卷上，也不要每一步都代入数据求出结果，一步运算错，后面全错。答题中要有必要的文字说明，不要通篇公式，文字描述要简洁，要把每小题的答案写在醒目的位置。

四、选考试题分析

1. 近5年高考理综试卷物理选考试题知识点考查情况分析（见表4）

表4　物理选考试题考查情况统计

年份	选修3-3				选修3-4				选修3-5			
	（1）		（2）		（1）		（2）		（1）		（2）	
	分值	知识点	分值	知识点	分值	知识点	分值	知识点	分值	知识点	分值	知识点
2008年	6分	压强微观本质	9分	热力学气态方程	6分	振动和波	9分	光的折射	6分	衰变	9分	动量守恒、机械能守恒
2009年	5分	气体状态参量、热力学定律	10分	热力学气态方程	5分	受迫振动、共振	10分	光的折射	5分	光电效应	10分	动量守恒、机械能守恒
2010年	5分	晶体与非晶体	10分	热力学气态方程	5分	折射率计算	10分	振动和波、波的干涉现象	5分	氢原子光谱、频率计算	10分	动量定理、动力学
2011年	6分	气体状态参量、热力学定律	9分	热力学气态方程	6分	机械波	9分	光的折射	6分	光电效应	9分	动量守恒、机械能守恒
2012年	6分	热力学定律	9分	热力学气态方程	6分	振动和波	10分	光的折射	6分	聚变、核能	9分	动量守恒、机械能守恒

2. 近5年高考理综试卷物理选考试题考查特点

（1）选考试题从三个模块进行命题，要求学生任选一个模块答题，不得跨模块选做或多选多做，超量给题，限量做题，给学生较大的选择空间。选考模块可涉及必考内容，三个选考模块内容之间不横向联系，试题只涉及本学科内容，不跨学科综合。

（2）难度进一步降低，努力均衡选考模块难度，不出难题。为了使考查的模块知识覆盖面增大，选考题采用每个模块两题并列的方式，一大一小，大题为计算题，9～10分，小题为选择题、填空题，5～6分，选考内容约占总分的13.6%。

（3）突出学科主干知识考查，每个模块的核心知识不会改变。选修3-3选择题多在分子动理论、内能、晶体与非晶体等基础知识上设问，以加大知识的覆盖面。计算题都是考查气体实验定律，常与热力学定律、受力分析和力的平衡等多个知识点相结合，综合考查学生的分析综合能力；考题设置的情境多为气缸模型，其中压强的力学分析是计算题解题的关键。

选修3-4考查重点之一为机械振动和波的知识；其二为几何光学的知识，如光的反射、光的折射、全反射等，画光路图是解答这类题的关键，考查对物理知识掌握的同时也考查运用数学知识解决物理问题的能力。新课程新增内容，如狭义相对论基本假设、质速关系、质能关系等，近5年都没有体现；物理光学，如光的干涉、光的衍射、光的偏振等，近5年也没有涉及。

选修3-5计算题都是考查动量守恒定律，常与能量守恒定律、动量定理等相结合，综合性强，情境多以碰撞的形式呈现，但难度不及以前。对原子和原子核物理中的内容考查形式较为广泛，如玻尔理论、原子核衰变、核反应方程、结合能、质量亏损、光电效应等在5套卷中都有考查。

3. 物理选考模块复习备考策略

（1）复习备考要重视研究新课程标准、考试大纲、考试说明，明确考试大纲没有的内容高考不考，把握好深度、难度，以提高复习教学的效果。

（2）复习备考要注重知识覆盖面，适当降低综合性和难度。考试大纲对选考模块中每个知识点的基本要求是非常清楚的，大多数知识点是Ⅰ级要求，少数是Ⅱ级要求。但由于选考题不可能出题太难的因素制约，相对必考内容来说，选考模块的整体复习都应该按Ⅰ级要求进行。

（3）重视基础知识和重点知识的复习，要"广积粮"、不"深挖洞"。选考模块由于教材编排的原因，知识的系统性有所不足，复习备考要强调基础性，也要注意体现知识的系统性。同时对选考题重点知识的复习也应有所侧重，如热学基本理论的理解、气体实验定律、热力学定律、振动和波动的关系、折射定律与全反射、干涉现象和光的本性、玻尔理论和光电效应、动量守恒定律。

（4）近5年高考虽然没有对选考实验直接进行考查，但根据考试大纲，结合对各选考内容的分析发现，选考部分不好命题，尤其以3-3最为突出，因此不排除该部分通过实验进行考查的可能，复习时对选考实验不能掉以轻心。选考实验包括：用油膜法估测分子的大小、探究单摆的运动、用单摆测定重力加速度、测定玻璃的折射率、用双缝干涉测光的波长、验证动量守恒定律。

（5）平时应加强完整试卷训练。选考试题，难度不大，多数学生都可以得分，但实际高考时发现有不少同学都因为时间紧而来不及做最后的选考题，因此平时的复习训练中应该注意完整综合试卷（即理化生共8个选考题，物理3个选考题）的限时适应性训练。

（6）重视历年高考试题在复习中的示范作用。复习过程中及时吸取新信息是必要的，但如果片面追求例题的类型新而忽视对陈题的分析则是不足取的。历年高考试题，虽已变为陈题，但可以推陈出新，更何况高考试题本身就是准样题，无论从试题结构、设问方式、难易程度上都是高考说明的最好样卷。所以应重视历年高考试题在复习中的示范作用，通过对历年高考试题的分析，让学生准确感受选考试题，提高选考模块的复习效果。

以磁感强度测量为背景的高考实验试题赏析

磁感应强度是描述磁场强弱的物理量，其大小的测定方法较多，如利用电磁感应原理、物体平衡原理、霍尔效应原理等方法。以磁感应强度的测量为背景编制的高考实验试题就是利用这些原理进行命题的，由于这类试题能较好地考查学生理论联系实际的能力，能反映学生的创新意识和创新精神，因而这类试题备受高考命题专家的关注。下面就近几年高考中以磁感强度测量为背景的高考实验试题进行分析，以飨读者。

例1： 图1中虚线框内存在一沿水平方向、且与纸面垂直的匀强磁场。现通过测量通电导线在磁场中所受的安培力，来测量磁场的磁感应强度大小、并判定其方向。所用部分器材已在图中给出，其中D为位于纸面内的U形金属框，其底边水平，两侧边竖直且等长；E为直流电源；R为电阻箱；Ⓐ为电流表；S为开关。此外还有细沙、天平、米尺和若干轻质导线。

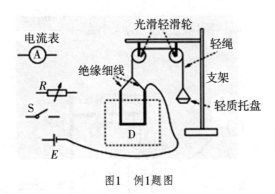

图1　例1题图

（1）在图1中画线连接成实验电路图。

（2）完成下列主要实验步骤中的填空。

① 按图接线。

②保持开关S断开，在托盘内加入适量细沙，使D处于平衡状态；然后用天平称出细沙质量_____m_1。

③闭合开关S，调节R的值使电流大小适当，在托盘内重新加入适量细沙，使D_____；然后读出_____，并用天平称出_____。

④用米尺测量_____。

（3）用测得的物理量和重力加速度g表示磁感应强度的大小，可以得出$B=$_____。

（4）判定磁感应强度方向的方法是：若_____，磁感应强度方向垂直纸面向外；反之，磁感应强度方向垂直纸面向里。

分析：

（1）本题是根据物体平衡原理，通过改变导线中的电流从而改变磁场中的受力，进而求出磁感应强度，所以应把电源、开关、电阻箱、电流表及U形金属框串联起来，连接成实验电路。

（2）设线框的质量为M，开关断开时，线框的重力等于托盘内细沙的重力，所以$Mg=m_1g$，$M=m_1$；接通电源后，若磁感应强度的方向垂直于纸面向里，根据左手定则，则安培力向上，由受力平衡得，$Mg-BIl=m_2g$，解得$B=\dfrac{(m_1-m_2)g}{Il}$，$m_1>m_2$；接通电源后，若磁感应强度的方向垂直于纸面向外，根据左手定则，则安培力向下，由受力平衡得，$Mg+BIl=m_2g$，解得$B=\dfrac{(m_1-m_2)g}{Il}$，$m_2>m_1$；所以磁感应B的大小为$\dfrac{|m_2-m_1|g}{Il}$。

答案：

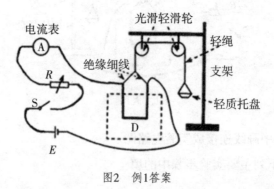

图2　例1答案

（1）如图2所示；（2）重新处于平衡状态；电流表的示数I；此时细沙的质量m_2；D的底边长度l；（3）$\dfrac{|m_2-m_1|g}{Il}$；（4）$m_2>m_1$。

例2：2007年诺贝尔物理学奖授予了两位发现"巨磁电阻"效应的物理学家。材料的电阻随磁场的增加而增大的现象称为磁阻效应，利用这种效应可以测量磁感应强度。

若图3为某磁敏电阻在室温下的电阻–磁感应强度特性曲线，其中R_B、R_0分别表示有、无磁敏电阻的阻值。为了测量磁感应强度B，需先测量磁敏电阻处于磁场中的电阻值R_B。请按要求完成下列实验。

图3　电阻
—磁感应强度特性曲线　　　　图4　设计电路原理图　　　　图5　特征曲线

（1）设计一个可以测量磁场中该磁敏电阻阻值的电路，在图4的虚线框内画出实验电路原理图（磁敏电阻及所处磁场已给出，待测磁场磁感应强度大小约为0.6～1.0T，不考虑磁场对电路其他部分的影响）。要求误差较小。

提供的器材如下：

A. 磁敏电阻，无磁场时阻值$R_0=150\,\Omega$

B. 滑动变阻器R，全电阻约20Ω

C. 电流表A，量程2.5mA，内阻约30Ω

D. 电压表V，量程3V，内阻约3kΩ

E. 直流电源E，电动势3V，内阻不计

F. 开关S，导线若干

（2）正确接线后，将磁敏电阻置入待测磁场中，测量数据如表1：

表1　数据测量表

	1	2	3	4	5	6
U（V）	0.00	0.45	0.91	1.50	1.79	2.71
I（mA）	0.00	0.30	0.60	1.00	1.20	1.80

　　根据上表可求出磁敏电阻的测量值R_B=_____Ω，结合图3可知待测磁场的磁感应强度B=_____T。

　　（3）试结合图3简要回答，磁感应强度B在0～0.2T和0.4～1.0T范围内磁敏电阻阻值的变化规律有何不同？

　　（4）某同学查阅相关资料时看到了图5所示的磁敏电阻在一定温度下的电阻–磁感应强度特性曲线（关于纵轴对称），由图像可以得到什么结论？

　　分析：

　　（1）采用伏安法测量电阻，由于待测电阻较大，采用电流表内接法，滑动变阻器采用分压式接法。

　　（2）采用多次测量取平均的方法，求出磁敏电阻的阻值R_B，再求出R_B与R_0的比值，再由图3得出磁感应强度。

　　（3）两段图线最显著的区别在于第二段为直线，即磁敏电阻的阻值随磁感应强度线性变化。

　　（4）磁敏电阻的阻值的磁感应强度与方向无关，只与磁感应强度的大小有关。

　　答案：

　　（1）如图6所示。

　　（2）1500　0.90。

　　（3）在0～0.2T范围内，磁敏电阻的阻值随磁感应强度非线性变化（或不均匀变化）。在0.4～1.0T范围内，磁敏电阻的阻值随磁感应强度线性变化（或均匀变化）。

　　（4）磁场反向，磁敏电阻的阻值不变。

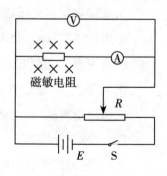

图6　设计电路原理图答案

2009年高考物理选择题的解法示例

在物理高考试卷题型中，选择题主要考查对物理现象、物理概念、物理规律的认识、判断、理解和应用等；具有覆盖面广、知识容量大、题目新颖、灵活多变、客观性强等优点；不仅能考查学生对基础知识的掌握，还能考查学生的思维敏捷性，是物理高考中广泛采用的一种题型。本文结合2009年的高考试题，就选择题的解法做一介绍，供参考。

一、直接判断，准确无误

从题中所给的条件，充分利用所学的知识和规律，经过判断或推理直接选出正确答案。

例1：（全国卷Ⅰ第14题）下列说法正确的是（　　　）。

A.气体对器壁的压强就是大量气体分子作用在器壁单位面积上的平均作用力

B.气体对器壁的压强就是大量气体分子单位时间作用在器壁上的平均冲量

C.气体分子热运动的平均动能减小，气体的压强一定减小

D.单位体积的气体分子数增加，气体的压强一定增大

答案：A

解析：本题考查气体部分的知识。根据气体压强的定义A正确，B错。气体分子热运动的平均动能减小，说明温度降低，但不能说明压强也一定减小，C错。单位体积的气体分子增加，但温度降低有可能气体的压强减小，D错。

二、排除筛选，步步为营

排除法又称筛选法、淘汰法。根据题目所给的条件和要求，通过分析、

推理和计算，将选项中不合题意的选项，逐个排除，留下正确选项。

例2：（重庆卷、第18题）某实物投影机有10个相同的强光灯L_1—L_{10}（24V/200W）和10个相同的指示灯X_1—X_{10}（220V/2W），将其连接在220V交流电源上，电路见图1，若工作一段时间后，L_2灯丝烧断，则（　　　）。

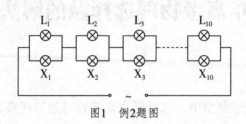

图1　例2题图

A. X_1的功率减小，L_1的功率增大

B. X_1的功率增大，L_1的功率增大

C. X_2功率增大，其他指示灯的功率减小

D. X_2功率减小，其他指示灯的功率增大

答案：C

解析：显然L_1和X_1并联、L_2和X_2并联……然后它们再串联接在220V交流电源上，在烧断L_2之前，指示灯的功率为$P_1=\dfrac{U^2}{R}$，其中U为每个指示灯两端的电压，R为每个指示灯的电阻，在烧断L_2之后，除X_2外其他指示灯的功率为$P'_1=\dfrac{U'^2}{R}$，其中U'为除X_2外其他指示灯两端的电压；且烧断L_2之后，整个电路的电阻变大，即除X_2外其他部分电路分压减小，所以除X_2的功率增大外其他指示灯的功率减小，即B、D错；L_1的功率也为$P'=\dfrac{U'^2}{R_{L_1}}$，所以L_1功率也变小，即A是错误的。A、B、D项都错误，故C项正确。

三、单位判断，出奇制胜

从物理量的单位出发筛选正确答案，如果等式两边单位不一致，或所列选项单位与题目所要求的量不统一，则该选项肯定不正确。

例3：（北京卷第20题）图2为一个内、外半径分别为R_1和R_2的圆环状均匀带电平面，其单位面积带电量为σ。取环面中心O为原点，以垂直于环面的轴线为x轴。设轴上任意点P到O点的距离为x，P点电场强度的大小为E。下面给出E的四个表达式（式中k为静电力常量），其中只有一个是合理的。你可能不会求解此处的场强E，但是你可以通过一定的物理分析，对下列表达式的合理性作出判断。根据你的判断，E的合理表达式应为（   ）。

A. $E = 2\pi k\sigma \left(\dfrac{R_1}{\sqrt{x^2+R_1^2}} - \dfrac{R_2}{\sqrt{x^2+R_2^2}} \right) x$

B. $E = 2\pi k\sigma \left(\dfrac{1}{\sqrt{x^2+R_1^2}} - \dfrac{1}{\sqrt{x^2+R_2^2}} \right) x$

C. $E = 2\pi k\sigma \left(\dfrac{R_1}{\sqrt{x^2+R_1^2}} + \dfrac{R_2}{\sqrt{x^2+R_2^2}} \right) x$

D. $E = 2\pi k\sigma \left(\dfrac{1}{\sqrt{x^2+R_1^2}} - \dfrac{1}{\sqrt{x^2+R_2^2}} \right) x$

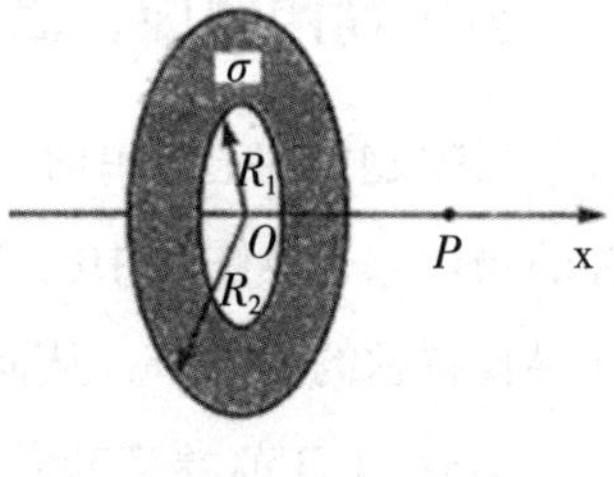

图2　例3题图

答案： B

解析： 在国际单位制中，σ的单位为C/m^2，k的单位为$N \cdot m^2/C^2$，E的单位为N/C；等式右边$k\sigma$的单位是N/C，因而可排除A、C选项；另当x趋近于无穷远，E趋近于0，所以B选项正确。

四、特值代入，快速作答

特值代入法是将题目中涉及的某一物理量取特殊值，通过相对简单的分析和计算，将错误选项均排除出去的一种方法。

例4：（全国卷Ⅱ第20题）以初速度v_0竖直向上抛出一质量为m的小物块。假定物块所受的空气阻力f大小不变。已知重力加速度为g，则物体上升的最大高度和返回原抛出点的速率分别为（   ）。

A. $\dfrac{v_0^2}{2g\left(1+\dfrac{f}{mg}\right)}$ 和 $v_0\sqrt{\dfrac{mg-f}{mg+f}}$ B. $\dfrac{v_0^2}{2g\left(1+\dfrac{f}{mg}\right)}$ 和 $v_0\sqrt{\dfrac{mg}{mg+f}}$

C. $\dfrac{v_0^2}{2g\left(1+\dfrac{f}{mg}\right)}$ 和 $v_0\sqrt{\dfrac{mg}{mg+f}}$ D. $\dfrac{v_0^2}{2g\left(1+\dfrac{f}{mg}\right)}$ 和 $v_0\sqrt{\dfrac{mg}{mg+f}}$

答案：A

解析：取特殊值$f=mg$，则物体上升的最大高度为$H_m=\dfrac{v_0^2}{2g}$，排除C、D选项；由于$f=mg$，物体从最高点不能回到原抛出点，或可以认为物体以零速度缓慢回到抛出点，所以A选项正确。

五、利用图像，简化计算

根据题意将题目中抽象的文字用图像正确地表现出来，从图像纵、横坐标的物理意义及图线中的"点""线""斜率""截距"和"面积"等诸多方面寻找解题的突破口，从而得出正确选项。

例5：（江苏卷第9题）如图3所示，两质量相等的物块A、B通过一轻质弹簧连接，B足够长，放置在水平面上，所有接触面均光滑。弹簧开始时处于原长，运动过程中始终处在弹性限度内。

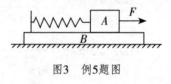

图3　例5题图

在物块A上施加一个水平恒力，A、B从静止开始运动到第一次速度相等的过程中，下列说法中正确的有（　　　　）。

A. 当A、B加速度相等时，系统的机械能最大

B. 当A、B加速度相等时，A、B的速度差最大

C. 当A、B的速度相等时，A的速度达到最大

D. 当A、B的速度相等时，弹簧的弹性势能最大

答案：BCD

解析：处理本题的关键在于对物体进行受力分析和运动过程分析，使用图像处理则可以使问题大大简化。

对A、B在水平方向受力分析如图4，F_1为弹簧的拉力；当加速度大小都为a时，对A有$F-F_1=ma$，对B有$F=ma$，得$F_1=\dfrac{F}{2}$；在整个过程中A的合力（加速度）一直减小，而B的合力（加速度）一直增大，在达到共同加速度之前A的合力（加速度）一直大于B的合力（加

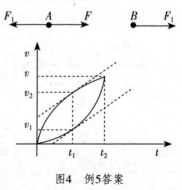

图4　例5答案

速度），之后A的合力（加速度）一直小于B的合力（加速度）。两物体运动的v–t图像如图4，t_1时刻，两物体加速度相等，斜率相同，速度差最大，t_2时刻两物体速度相等，A速度达到最大值，两实线之间围成的面积有最大值即两物体的相对位移最大，弹簧被拉到最长；除重力和弹簧弹力外其他力对系统做正功，系统机械能增加，t_1时刻之后拉力依然做正功，即加速度相等时，系统机械能并非最大值。

六、类比分析，豁然开朗

类比分析法就是将两个不同研究对象从相同或相似之处进行比较，找出它们的相似点或相同点，然后以此为依据，并由一种对象迁移到另一种对象中去，即把某一物体的有关知识或结论推广到另一对象的逻辑思维方法。

例6：（宁夏卷第16题）医生做某些特殊手术时，利用电磁血流计来监测通过动脉的血流速度。电磁血流计由一对电极a和b以及磁极N和S构成，磁极间的磁场是均匀的。使用时，两电极a、b均与血管壁接触，两触点的连线、磁场方向和血流速度方向两两垂直，如图5所示。由于血液中的正负离子随血流一起在磁场中运动，电极a、b之间会有微小电势差。在达到平衡时，血管内部的电场可看作是匀强电场，血液中的离子所受的电场力和磁场力的合力为零。在某次监测中，两触点的距离为3.0mm，血管壁的厚度可忽略，两触点间的电势差为160μV，磁感应强度的大小为0.040T。则血流速度的近似值和电极a、b的正负为（　　　）。

A. 1.3m/s，a正、b负

B. 2.7m/s，a正、b负

C. 1.3m/s，a负、b正

D. 2.7m/s，a负、b正

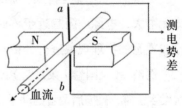

图5　例6题图

答案： A

解析： 由题意可知，电磁血流计可类比于电磁流量计模型。依据左手定则，正离子在磁场中受到洛伦兹力作用向上偏，负离子在磁场中受到洛伦兹力作用向下偏，因此电极a、b的正负为a正、b负；当稳定时，血液中的离子所受的电场力和磁场力的合力为零，则$qE=qvB$，可得$v=\dfrac{E}{B}=\dfrac{U}{Bd}=\dfrac{160\times10^{-6}}{0.04\times3\times10^{-3}}$

≈ 1.3m/s，A正确。

七、整体思维，一步到位

整体思维法就是当题目中涉及的物体有多个，而题中所要分析和求解的物理量不涉及物体间的相互作用时，把多个物体所构成的系统作为一个整体来进行研究的方法。

例7：（海南卷第3题）两刚性球a和b的质量分别为m_a和m_b，直径分别为d_a个d_b（$d_a > d_b$）。将a、b球依次放入一竖直放置、内径为r的平底圆筒内，如图6所示。设a、b两球静止时对圆筒侧面的压力大小分别为f_1和f_2，筒底所受的压力大小为F。已知重力加速度大小为g。若所有接触都是光滑的，则（　）。

A. $F=(m_a+m_b)g$，$f_1=f_2$

B. $F=(m_a+m_b)g$，$f_1 \neq f_2$

C. $m_ag<F<(m_a+m_b)g$，$f_1=f_2$

D. $m_ag<F<(m_a+m_b)g$，$f_1 \neq f_2$

答案： A

解析： 对两刚性球a和b整体分析，竖直方向平衡可知$F=(m_a+m_b)g$、水平方向平衡有$f_1=f_2$。

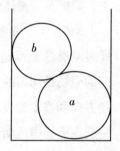

图6　例7题图

八、极限思维，捷足先登

极限思维法就是将某些物理量的数值推向极端（如设摩擦因数趋近于零或无穷大，电源内阻趋近于零或无穷大等），并根据一些显而易见的结果、结论或熟悉的物理现象进行分析和推理的方法。

例8：（全国卷Ⅰ第21题）质量为M的物块以速度V运动，与质量为m的静止物块发生正碰，碰撞后两者的动量正好相等，两者质量之比M/m可能为（　）。

A. 2　　　　　　B. 3　　　　　　C. 4　　　　　　D. 5

答案： AB

解析： 碰撞的极端分别为弹性碰撞和完全非弹性碰撞。质量为M的物块以速度V向质量为m的静止物块发生正碰，如果发生弹性碰撞，则由动量守恒和能量守恒得：$V_1=\dfrac{M-m}{M+m}V$；$V_2=\dfrac{2M}{M+m}V$，根据题目要求$MV_1=mV_2$，因此

$\dfrac{M}{m}$ =3。如果发生完全非弹性碰撞，则$V_1 = V_2$，根据题目要求$MV_1 = mV_2$，因此

$\dfrac{M}{m}$ =1。由此可得：$1 \leqslant \dfrac{M}{m} \leqslant 3$，因此选AB选项。

九、等效转换，柳暗花明

根据题目条件，灵活地转换研究对象，或采用逆向思维，或采用等交变换等思维方法，将用常规思维方法求解很烦琐的问题化繁为简。一般分为物理模型等效变换、参照系等效变换、研究对象等效变换、物理过程等效变换、受力情况等效变换等。

例9：（宁夏卷第18题）空间有一均匀强电场，在电场中建立如图7所示的直角坐标系$O-xyz$，M、N、P为电场中的三个点，M点的坐标为（0，a，0），N点的坐标为（a，0，0），P点的坐标为（a，$\dfrac{a}{2}$，$\dfrac{a}{2}$）。

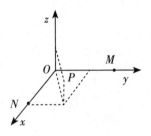

图7　例9题图

已知电场方向平行于直线MN，M点电势为0，N点电势为1V，则P点的电势为（　　　）。

A. $\dfrac{\sqrt{2}}{2}$V 　　　　B. $\dfrac{\sqrt{3}}{2}$V 　　　　C. $\dfrac{1}{4}$V 　　　　D. $\dfrac{3}{4}$V

答案：D

分析：将立体图转换成平面图，如图8所示，求P点的电势等效成求Q点的电势，而求Q点的电势又等效成求R点的电势；R点沿电场方向为MN的四等分点，故R点的电势为$\dfrac{3}{4}$V，即P点的电势为$\dfrac{3}{4}$V，D正确。

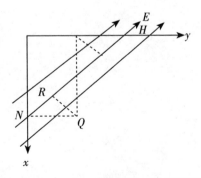

图8　例9答案

第四章

实验研究

4

探究动能定理实验的多角度迁移拓展

物理实验试题的迁移拓展是以教材的基本实验为探究起点，从学生的认知结构出发，以原有实验理论和方法为切入点，对原有实验从实验条件、实验对象、实验目的要求等方面进行创新设计出来的一类试题。这类题不仅能考查学生应用所学知识解决实际问题能力，同时还能较好地考查学生思维的深度、广度、灵活度。在实验复习教学过程中，有意识地引导学生进行迁移拓展，能够调动学生的积极性和创造性，从而达到培养学生分析能力、归纳能力、知识迁移能力、探究创新能力等目的。下面以"探究动能定理"实验为例，谈谈在实验教学中如何对实验试题进行多角度迁移拓展。

课本实验原型：如图1所示，小车在橡皮筋的作用下弹出沿木板滑行，分别用1条、2条、3条……同样的橡皮筋进行实验时，每次实验中橡皮筋拉伸的长度都保持一致，如果把1条橡皮筋进行实验时做的功记为W，那么用2条、3条……橡皮筋进行实验中，对小车做的功就是$2W$、$3W$……（变力做功倍增法）；由于橡皮筋做功而使小车获得的速度可以由打点计时器打出的纸带测出，这样进行若干次测量，就得到若干组功和速度的数据；利用数据作W-v^2图像，从而得到W-v^2成线性变化关系，即达到探究合力做功和物体动能增量的关系。

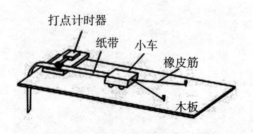

图1　实验原型装置图

拓展思路：探究动能定理实验试题的迁移拓展可以从测量动能和测量功的角度进行考虑。测量动能可以从动能定义式和利用功能关系两方面进行迁移拓展；测量功可以从功的定义式、倍增法和功能关系等方面进行迁移拓展，具体思路如图2所示：

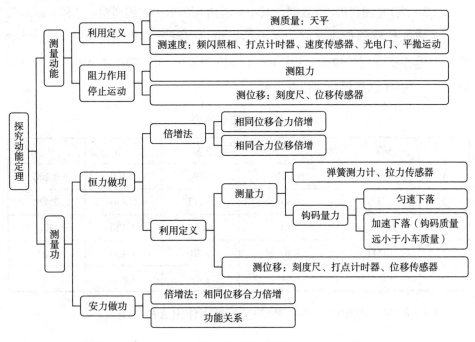

图2　拓展思路图

例1：如图3是某实验小组利用拉力传感器和速度传感器探究动能定理，将拉力传感器固定在小车上，用不可伸长的细线将其通过一个定滑轮与钩码相连，用拉力传感器记录小车受到拉力的大小。在水平桌面上相距50.0cm的A、B两点各安装一个速度传感器记录小车通过A、B时的速度大小。小车中可以放置砝码。

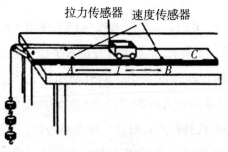

图3　例1装置图

（1）实验步骤：①测量小车和拉力传感器的总质量M_1；把细线的一端固定在拉力传感器上，另一端通过定滑轮与钩码相连；正确连接所需电路；②将小车停在C点，然后释放小车，小车在细线拉动下运动，记录细线拉力及小车通过A、B时的速度；③在小车中增加砝码或减少砝码，重复②的操作。

（2）表1是测得的5组数据，其中M是M_1与小车中砝码质量m之和，$|v_2^2-v_1^2|$是两个速度传感器记录速度的平方差，可以据此计算出动能变化量ΔE，F是拉力传感器受到的拉力，W是F在A、B间所做的功。表格中$\Delta E_3=$_____，$W_3=$_____。（结果保留三位有效数字）

表1　测量数据表

次数	M/kg	$|v_2^2-v_1^2|/(\text{m/s})^2$	$\Delta E/\text{J}$	F/N	W/J
1	0.500	0.760	0.190	0.400	0.200
2	0.500	1.65	0.413	0.840	0.420
3	0.500	1.40	ΔE_3	1.220	W_3
4	1.000	1.40	1.20	1.420	1.21
5	1.000	1.84	1.42	1.860	1.43

（3）根据表中数据，请在图4的坐标纸上作出ΔE-W图线。

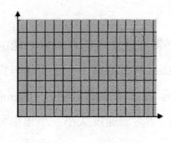

图4　坐标纸

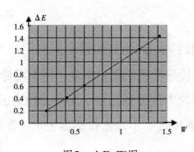

图5　ΔE-W图

答案：（2）0.600　0.610　（3）在坐标纸上作出ΔE-W图线如图5所示

点评：小车在钩码的作用下拖动纸带在水平面上做加速运动，通过速度传感器可算出A、B两点的速度大小，同时利用拉力传感器测量出拉小车的力，从而由AB长度可求出合力做的功与小车的动能变化关系。本题应用了速度传感器、拉力传感器代替打点计时器、弹簧测力计，现代气息浓厚。

例2：某同学用如图6所示的实验装置探究小车动能变化与合外力对它所

做功的关系。图中A为小车，连接在小车后面的纸带穿过打点计时器B的限位孔，它们均置于水平放置的一端带有定滑轮的足够长的木板上，C为弹簧测力计，不计绳与滑轮的摩擦。实验时，先接通电源再松开小车，打点计时器在纸带上打下一系列点。该同学在一条比较理想的纸带上，从点迹清楚的某点开始记为O点，顺次选取5个点，分别测量这5个点到O之间的距离，并计算出它们与O点之间的速度平方差ΔV^2（$\Delta V^2 = V^2 - V_0^2$），然后在坐标纸上建立$\Delta V^2 - S$坐标系，并根据数据进行描点得图7图像，若测出小车质量为0.2kg，由图像可得小车加速度大小是_____m/s^2，所受合外力的大小为_____N。

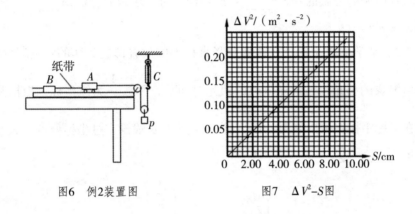

图6　例2装置图　　　　图7　$\Delta V^2 - S$图

答案：（1）25　0.25

点评： 小车在细绳拉力作用下拖动纸带做加速运动，弹簧测力计可测出绳对小车的拉力大小，通过纸带可得小车速度大小和拉力做功的距离，从而可达到探究小车动能变化与合外力对它所做功的关系的目的；实验中将拉力作为小车所受合力，未平衡摩擦力，故会造成较大的误差。本题从做功的角度进行拓展，通过动滑轮利用弹簧测力计巧妙地测出对小车做功的力的大小，设计思路简洁、新颖。

例3： 某同学用图8所示实验装置探究合力做功与动能变化的关系。铁架台竖直固定放置在水平桌面上，长木板一端放置在水平桌面边缘P处，另一端放置在铁架台竖直铁杆上，使长木板倾斜放置，长木板P处放置一光电门，用光电计时器记录滑块通过光电门时的挡光时间。

实验步骤：①用游标卡尺测出滑块上挡光片宽度d，用天平测量滑块的质量m。②平衡摩擦力：以木板放置在水平桌面上的P处为轴，调节长木板在铁架台上的放置位置，使滑块恰好沿木板向下做匀速运动。在铁架台竖直杆上记下此位置Q_1，用刻度尺测出Q_1到水平面的高度H。③保持P位置不变，长木板一端放置在铁架台竖直杆Q_2上。用刻度尺量出Q_1Q_2的距离h_1，将滑块从Q_2位置由静止释放，由光电门计时器读出滑块的挡光时间t_1。④保持P位置不变，重新调节长木板一端在铁架台上的放置位置，重复步骤③数次。

（1）滑块沿长木板由Q_2运动到P处的过程中，用测量的物理量回答下列问题：

①滑块通过光电门的速度$v=$_____；②滑块动能的变化量$\Delta E_k=$_____；③滑块克服摩擦力做的功$W_f=$_____；④合力对滑块做的功$W_合=$_____。（重力加速度为g）

（2）某学生以长木板在铁架台竖直杆上的放置位置到Q_1的距离h为横坐标，以滑块的挡光片通过光电门的挡光时间平方倒数$\dfrac{1}{t^2}$为纵坐标，根据测量数据在坐标中描点画出如图9所示直线，直线延长线没有过坐标原点，其原因主要是_____。

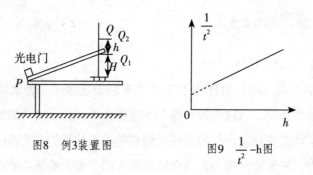

图8　例3装置图　　　　图9　$\dfrac{1}{t^2}$–h图

答案：（1）①$\dfrac{d}{t_1}$　②$\dfrac{md^2}{2t_1^2}$　③mgH　④mgh　（2）平衡摩擦力倾角过大

点评：实验中用挡光片通过光电门的平均速度作为滑块通过光电门的速度，平衡摩擦力过程实际保证滑块克服摩擦力做的功等于mgH，滑块所受合力对滑块做的功等于mgh，从而实现了探究重力做功与滑块动能变化的关系的目的。本题分别从做功、测量滑块速度两个角度进行拓展迁移，用光电门代替打点计时器测速度，体现了时代性；利用功的定义法，即利用重力做功求合力做功，突出了设计的新颖性、灵活性。

例4：在"探究功与物体速度变化的关系"的实验中，某实验探究小组的实验装置如图10所示。木块从A点静止释放后，在一根弹簧作用下弹出，沿足够长的木板运动到B_1点停下，O点为弹簧原长时所处的位置，测得OB_1的距离为L_1，并记录此过程中弹簧对木块做的功为W。用完全相同的弹簧2根、3根……并列在一起进行第2次、第3次……实验，每次实验木块均从A点释放，木块分别运动到B_2、B_3……停下，测得OB_2、OB_3……的距离分别为L_2、L_3……作出弹簧对木块做功W与木块停下的位置距O点的距离L的图像W–L，如图11所示。

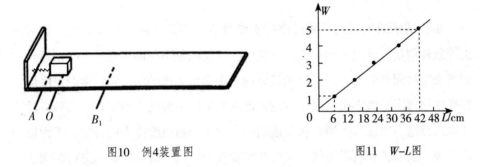

图10　例4装置图　　　　　　　图11　W–L图

（1）根据图线分析，弹簧对木块做功W与木块在O点的速度v_0之间的关系。

（2）W–L图线为什么不通过原点？

（3）弹簧被压缩的长度L_{OA}为多少？

答案：（1）弹簧对木块做功W与木块在O点的速度v_2的平方成线性变化；
（2）未计木块通过AO时，摩擦力对木块所做的功；（3）3cm

点评：利用倍增法计算弹簧变力做功情况，摩擦力阻止木块滑行的距离用刻度尺测量，从而可以探究弹簧弹力做功与物体速度变化的关系。本题分别从对木块做功、测量木块动能两个角度进行拓展迁移，因为弹簧弹力是变力，弹力做功是变力做功，所以用倍增法求对木块做功的大小；木块滑行过程中阻力恒定，利用功能关系，即将求木块动能转换为测量在阻力作用下木块停止运动的距离。

总之，在高中物理实验复习教学中，一方面应强化实验基础知识和基本方法的教学，另一方面也要从实验条件、实验对象、实验要求等方面进行实验试题的拓展，从而提高学生应用所学知识解决实际问题的能力，使学生在遇到创新型实验试题时能够得心应手，顺利求解。

测定电源的电动势和内阻实验的多角度拓展

实验试题的拓展就是通过改变实验情境、实验条件、实验目的、实验结论等条件创新设计出来的一类创新实验。这类试题不仅能考查学生应用所学知识解决实际问题的能力，同时能较好地考查学生思维的深度、广度、灵活度。在高中物理实验教学中，应该有意识地对学生所掌握的实验原理、实验方法等知识进行适当的迁移拓展，从而达到提高学生创新思维能力的目的。下面以测定电源的电动势和内阻为例，谈谈在实验教学中如何对实验试题进行多角度迁移拓展。

一、从实验原理的角度进行迁移拓展

测定电源的电动势和内阻实验的基本实验原理是利用伏安法测出电路电流I和路端电压U，根据闭合电路欧姆定律$E=U+Ir$，用两组数据解方程或利用多组数据作图像进行求解。在实验教学中，应该有意识地从实验原理的角度进行拓展，从而培养学生创新思维能力。

1. 安阻法

安阻法是利用电流表和电阻箱测定电源电动势和内阻（图1），实验原理是用闭合电路欧姆定律$E=IR+Ir$，改变电阻箱的阻值R就能得到R、I数据，利用两组数据就能求得E、r，或利用多组数据作图像来求解；图2电路是安阻法测电源电动势和内阻的变式，S分别接1、2得两组数据R、I，利用$E=IR+Ir$列方程组就能求得E、r。安阻法测出的结果：$E_测=E_真$，$r_测>r_真$。

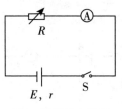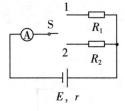

图1 安阻法电路图　　　　图2 安阻法变式电路图

2. 伏阻法

伏阻法是利用电压表和电阻箱测定电源电动势和内阻（图3），实验原理是用闭合电路欧姆定律$E=U+\dfrac{U}{R}r$，改变电阻箱的阻值R就能得到U、R数据，利用两组数据就能求得E、r，或利用多组数据作图像来求解；图4电路是伏阻法测电源电动势和内阻的变式，S分别接1、2得两组数据U、R，利用$E=U+\dfrac{U}{R}r$列方程组就能求得E、r。伏阻法测出的结果：$E_{测}<E_{真}$，$r_{测}<r_{真}$。

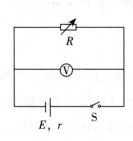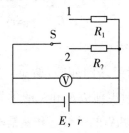

图3 伏阻法电路图　　　图4 伏阻法变式电路图

3. 伏伏法

伏伏法是利用两个电压表测定电源电动势和内阻（图5）。设V_1的内阻为R_{V1}，由闭合电路欧姆定律得，当S接2时，$E=U_1+U_2+\dfrac{U_1}{R_{V1}}r$，再接1时，

$E=U'_1+\dfrac{U'_1}{R_{v1}}r$，由两式可解得：$E=\dfrac{U'_1U_2}{U'_1-U_2}$，$r=\dfrac{U_1+U_2-U'_1}{U'_1-U_2}R_{V1}$。采用这种方法能准确地测出电源的电动势，若再已知电压表V_1的内阻还可以准确地测量

出电源的内阻；用这种方法测定电源电动势和内阻不存在系统误差，即：$E_{测}=E_{真}$，$r_{测}=r_{真}$。

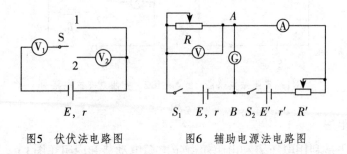

图5　伏伏法电路图　　　　图6　辅助电源法电路图

4. 辅助电源法

辅助电源法电路图如图6所示。实验时，调节滑动变阻器R和R'，使电流表G的示数为0，此时A、B两点的电势φ_A、φ_B的关系为$\varphi_A=\varphi_B$，读出电流表A和电压表V的示数I和U，则$E+E'=U+I（R'+R_A+r+r'）$，$E'=I（R'+R_A+r'）$，由两式解得$E=U+Ir$，测得两组数据U、I，列方程可解得$E=\dfrac{I_1U_2-I_2U_1}{I_1-I_2}$，$r=\dfrac{U_2-U_1}{I_1-I_2}$。此方法测量不必考虑电表带来的误差，测量精确程度取决于电流表G的灵敏程度，无系统误差，即：$E_{测}=E_{真}$，$r_{测}=r_{真}$。

5. 电桥平衡法

电桥平衡法电路图如图7所示。实验时，调节变阻器R_1和R_2使电流表G的读数为0，此时电流表A_1和A_2的示数之和就是流过电源的电流I（即干路电流），电压表V_1和V_2的示数之和就是电源的路端电压U，则$E=U+Ir$，两次调节R_1和R_2，使电流表G的示数变为0，读出四个电流表的读数；假设第一次两电流表示数之和为I_1，两电压表示数之和为U_1，则$E=U_1+I_1r$；第二次两电流表示数之和为I_2，两电压表示数之和为U_2，则$E=U_2+I_2r$，联立可得$E=\dfrac{I_1U_2-I_2U_1}{I_1-I_2}$，

$r=\dfrac{U_2-U_1}{I_1-I_2}$。此方法测量同样无系统误差，不必考虑电流表带来的误差，因为此时电表相当于电源的外电路电阻，测量精确程度取决于电流表G的灵敏程度，即：$E_{测}=E_{真}$，$r_{测}=r_{真}$。

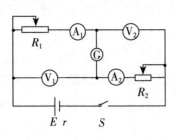 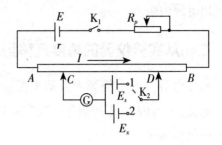

图7　电桥平衡法电路图　　　　　图8　标准电源法电路图

6. 标准电源法

例1： 利用如图8所示的电路可以较为准确地测量未知电源的电动势。图中E_x为待测电源，E_s为标准电源；电动势已准确测出，E为工作电源，为电路提供电流。G为零刻度在中央的灵敏电流计。AB为一根粗细均匀的电阻丝，C、D为AB上的两个活动接触点，可以在电阻丝上移动，与电阻丝AB平行放置的还有一把刻度尺，可以测出C、D之间的长度。实验步骤如下：

（1）按图连接好电路，将K_1处于断开状态，K_2处于两个触点都不接的状态。

（2）先闭合K_1，调整R_p至合适位置。

（3）将K_2掷于1位置，调整C、D触头使电流计指针指向零刻度，记下____。

（4）将K_2掷于2位置，重新调整C、D位置，使_____，并记下_____。

（5）断开K_1，计算待测电源的电动势的表达式为E_x=_____。

解析： 电路接通后，把电源E_s与电路中长度为L_1的金属丝并联，当电流为0时，说明长度为L_1的金属丝在工作电路中所分的电压等于E_s，标准电源切换为待测电源后，重新调整金属丝与电源并联的长度，电流表再次为0时，说明长度为l_2的金属丝在工作电路中的电压等于待测电源电动势，而工作电路电流没有变化，所以$\dfrac{L_1}{L_2} = \dfrac{E_s}{E_x}$，即$E_x = \dfrac{L_2 E_s}{L_1}$。

答案：

（3）C、D间的长度L_1

（4）电流计指针指向零刻度　　C、D间的长度L_2

（5）$\dfrac{L_2 E_s}{L_1}$

点评： 利用标准电源法测量电源电动势，无系统误差，即：$E_测 = E_真$，但无法测出电源内阻。

二、从实验仪器的角度迁移拓展

测定电源的电动势和内阻基本实验电路中涉及的主要仪器是：滑动变阻器、电源、电流表、电压表等；在实验教学过程中，可以有意识地对这些仪器进行变化和创新。

1. 从滑动变阻器的角度创新

在测定电源的电动势和内阻实验中，滑动变阻器所起的作用是使外电路电阻发生变化，致使流经电源的电流、路端电压发生变化，可以用其他类型的电阻代替滑动变阻器。比如，2014年高考全国大纲卷就用定值电阻代替滑动变阻器（图9）；平时练习时也经常碰到用电阻箱代替滑动变阻器（图10）的情况。

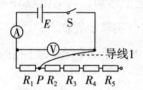
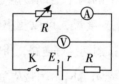

图9　定值电阻代替滑动变阻器电路图　　图10　电阻箱代替滑动变阻器电路图

2. 从电表的角度创新

在测定电源的电动势和内阻实验中，电流表测量流经电源的电流，电压表测定路端电压；如果提供的仪器中没有电压表，只提供了小量程的电流表，或提供的电流表、电压表量程太小，则必须对电流表进行改装。比如，2014年高考福建卷（图11）、2014年高考全国课标 I 卷（图12）都是将小量程电流表改装成大量程电流表；2014年高考上海卷（图13）采用电流传感器、电压传感器代替电流表、电压表来采集路端电压和流经电源电流的大小。

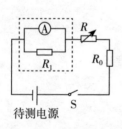
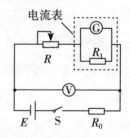

图11　2014年高考福建卷电路图　　图12　2014年高考全国课标 I 卷电路图

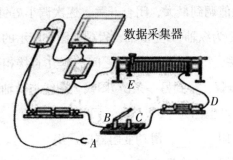

图13　2014年高考上海卷电路图

3. 从电源的角度创新

在测定电源的电动势和内阻实验中，通常采用干电池为测定对象，实际还可以采用其他电源，测量其他电源的电动势和内阻，如原电池、水果电池、蓄电池、锂电池、镍镉电池等。2013年高考全国课标Ⅰ卷（图14）就是测定另类电池多用电表欧姆档电池的电动势和内阻。

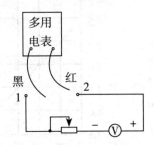

图14　2013年高考全国课标Ⅰ卷电路图

三、从实验目的角度迁移拓展

在测定电源的电动势和内阻实验中，实验目的是测量电源电动势和内阻，但有时可以利用本实验电路测量其他物理量，从实验目的角度进行创新。

例2：用实验测一电池的内阻r和一待测电阻的阻值R_x。已知电池的电动势约6V，电池内阻和待测电阻阻值都为数十欧。可选用的实验器材有：电流表A_1（量程0～30mA）；电流表A_2（量程0～100mA）；电压表V（量程0～6V）；滑动变阻器R_1（阻值0～5Ω）；滑动变阻器R_2（阻值0～300Ω）；开关S一个，导线若干条。

某同学的实验过程如下：

（1）设计如图15所示的电路图，正确连接电路。

（2）将R的阻值调到最大，闭合开关，逐次调小R的阻值，测出多组U和I的值，并记录。以U为纵轴，I为横轴，得到如图16所示的图线。

（3）断开开关，将R_x改接在B、C之间，A与B直接相连，其他部分保持不变。重复（2）的步骤，得到另一条U–I图线，图线与横轴I的交点坐标为（I_0，0），与纵轴U的交点坐标为（0，U_0）。回答下列问题：

① 电流表应选用_____，滑动变阻器应选用_____。

② 由图16的图线，得电源内阻r=_____Ω。

③ 用I_0、U_0和r表示待测电阻的关系式R_x_____，代入数值可得R_x。

④ 若电表为理想电表，R_x接在B、C之间与接在A、B之间，滑动变阻器滑片都从最大阻值位置调到某同一位置，两种情况相比，电流表示数变化范围_____，电压表示数变化范围_____。（选填"相同"或"不同"）

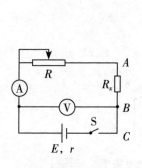

图15　例2电路图

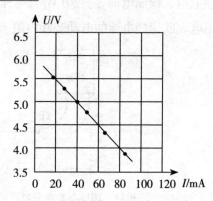

图16　U–I图线

解析：①根据题设条件中电池的电动势为6V，而电阻约为数10欧姆，为了保证实验的安全，电流表应选择A_2；由电路图可知，滑动变阻器起限流作用，R_1阻值小于待测电阻较多，故只能选择R_2。

② 根据图15电路可知，电压表测量了电路的路端电压，电流表测量了电路的总电流，因此图16中图线斜率绝对值为电源的内阻，有：$r = |k| = |\dfrac{5.5-4.5}{(60-20) \times 10^{-3}}|\Omega = 25\,\Omega$。

③当改接电路后，将待测电阻与电源视为整体，即为等效电源，此时图线的斜率为等效电源的内阻，因此有：$r' = r + R_x = |k'| = \dfrac{U_0 - 0}{I_1 - 0}$，解得：$R_x = \dfrac{U_0}{I_0} - r$。

④若电表为理想电表，R_x接在B、C之间与接在A、B之间，电路的总电阻可变范围不变，因此电流表的示数变化范围相同，R_x接在B、C之间时，电压表测量的是滑动变阻器两端的电压，而R_x接在A、B之间时，电压表测量的是滑动变阻器与R_x两端电压之和，由于对应某一滑动变阻器阻值时，电路的电流相同，因此电压表的读数不同，所以电压表示数变化范围也不同。

答案： ①A_2　R_2　②25　③$\dfrac{U_0}{I_0}-r$　④相同；不同

点评： 这是2015年高考四川卷，第（3）问就是利用定电源的电动势和内阻实验电路从而达到测量定值电阻的目的。

四、从实验数据处理的角度迁移拓展

在测定电源的电动势和内阻实验数据处理中，通常应用计算法或图像法处理实验数据，但也可以用其他方法处理。

例3： 某研究性学习小组利用伏安法测定某一电池组的电动势和内阻，实验原理如图17所示，其中，虚线框内为用灵敏电流计G改装的电流表A，V为标准电压表，E为待测电池组，S为开关，R为滑动变阻器，R_0是标称值为4.0Ω的定值电阻。

（1）已知灵敏电流计G的满偏电流$I_g=100\mu A$，内阻$r_g=2.0k\Omega$，若要改装后的电流表满偏电流为200mA，应并联　只____Ω（保留一位小数）的定值电阻R_1；

（2）根据图17，用笔画线代替导线将图18连接成完整的电路；

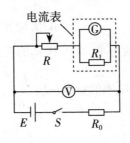

图17　例3电路图

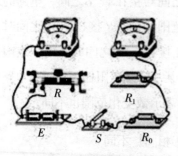

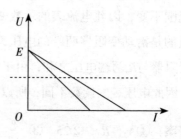

图18 例3装置图

图19 U-I图

（3）某次试验的数据如表1所示：

表1 试验数据

测量次数	1	2	3	4	5	6	7	8
电压表V读数U/V	5.26	5.16	5.04	4.94	4.83	4.71	4.59	4.46
改装表A读数I/mA	20	40	60	80	100	120	140	160

该小组借鉴"研究匀变速直线运动"试验中计算加速度的方法（逐差法），计算出电池组的内阻$r=$_____Ω（保留两位小数）；为减小偶然误差，逐差法在数据处理方面体现出的主要优点是_____。

（4）该小组在前面实验的基础上，为探究图17电路中各元器件的实际阻值对测量结果的影响，用一已知电动势和内阻的标准电池组，通过上述方法多次测量后发现：电动势的测量值与已知值几乎相同，但内阻的测量值总是偏大。若测量过程无误，则内阻测量值总是偏大的原因是_____。（填选项前的字母）

A. 电压表内阻的影响　　　　B. 滑动变阻器的最大阻值偏小

C. R_1的实际阻值比计算值偏小　　D. R_0的实际阻值比标称值偏大

解析：（1）根据改装后电表的量程$I=I_g+\dfrac{I_g r_g}{R_1}$，代入解得$R_1=1.0\,\Omega$。

（2）略。

（3）根据闭合电路的欧姆定律$E=U+I(R_0+r)$可得$R_0+r=\dfrac{\Delta U}{\Delta t}$，

故 $R_0+r=\dfrac{U_1-U_5}{I_5-I_1}$ 或 $\dfrac{U_2-U_6}{I_6-I_2}$ 或 $\dfrac{U_3-U_7}{I_7-I_3}$ 或 $\dfrac{U_4-U_8}{I_8-I_4}$

$$=\frac{(U_1+U_2+U_3+U_4)-(U_5+U_6+U_7+U_8)}{4(I_5-I_1)}$$

$$=5.66\,\Omega$$

可得：$r=1.66\,\Omega$。因充分利用测得的数据，故减少一次测量的偶然误差。

（4）已知电压表是理想电压表，其内阻影响不计，其实，如果考虑其内阻影响，电源内阻的测量值应偏小，所以选项A可排除。滑动变阻器起到调节电流作用，其最大阻值不影响测量结果，B可排除。根据题设，可作出图19，可见 U 值对应的电流 I 的测量值偏小，根据 $I=\dfrac{U}{R_{滑动}+R_A}$，因为 $I=I_g+\dfrac{I_g r_g}{R_1}$，其中 R_1 是计算值，其实际阻值可能偏大，才造成 I 测量偏大，选项C正确；又因为根据测量值 $r'=r+R_0$，所以可能是 R_0 的实际阻值比标称值偏大，故D正确。

答案：（1）1.0

（2）略

（3）1.66　充分利用已测得的数据

（4）CD

点评： 这是2014年高考福建卷，第（3）问利用逐差法处理数据，应该说对中学实验教学具有很强的前瞻性和导向性。

总之，在高中物理实验教学中，应强化实验基础知识和基本方法的教学，同时也应从实验目的、原理、器材、步骤、数据处理等各环节进行实验试题的拓展，提高学生应用所学知识解决实际问题的能力，从而使学生在碰到创新型实验试题时能够做到游刃有余。

参考文献

［1］李一新.电源电动势和内阻的测量方法［EB/OL］.［2019-04-18］. https://ishare.iask.sina.com.cn/f/brODMwhkBGZ.html.

［2］胡亦中.用多种方法测定电源的电动势和内阻［EB/OL］.［2013-12-07］.http://www.360doc.com/content/13/1207/12/3826483_335189009.shtml.

立足实验基础知识　提升实验创新能力

——2014年高考物理电学实验试题分析暨2015年电学实验复习策略

一、2014年高考物理电学实验试题分析（见表1）

表1　2014年高考物理电学实验试题考查情况统计

试卷	分值	考查内容	考点项目	答题形式	考查实验能力	电路图
课标Ⅰ卷	9分	测电源的E、r	1.推导$1/I$与R关系式	推导填空	实验原理、数据处理、应用图像解决问题	 待测电源
			2.电流表读数	简答填空		
			3.描点作$1/I$–R图，求斜率k和截距b	描点作图、读图填空		
			4.求E、r	计算填空		
课标Ⅱ卷	6分	伏安法测电阻	实验电路选择、误差分析	选择填空	电路选择、误差分析	 图（a） 图（b）
大纲卷	12分	测电源的E、r	1.按电路实物连线	连线作图	实验操作、数据处理、应用图像解决问题	
			2.描点作U–I图	描点作图		
			3.求E、r	读图填空		

试卷	分值	考查内容	考点项目	答题形式	考查实验能力	电路图
北京卷	18分	测电源的 E、r	1.实验电路选择	选择填空	电路选择、仪器选择、数据处理、应用图像解决问题	甲 乙
			2.选择实验仪器	选择填空		
			3.描点作 U-I图	描点作图		
			4.求 E、r	读图填空		
			5.P-U关系图	选择填空		
山东卷	10分	伏安法测电阻	1.选择实验仪器、实验注意事项	选择填空	实验原理、实验操作、数据处理	R_x R_0 a b E S
			2.按电路实物连线	连线作图		
			3.电压表读数	读数填空		
			4.计算导线长度	计算填空		
浙江卷	10分	伏安法测电阻	1.电路实物连线	连线作图	实验操作、误差分析、应用图像解决问题	R_x
			2.选择外接法数据点	选择填空		
			3.作 U-I图、求 R	读图填空		
福建卷	12分	测电源的 E、r	1.电表改装	计算填空	实验原理、实验操作、数据处理、误差分析	电流表 R R_1 S R_0
			2.按电路实物连线	连线作图		
			3.逐差法求 r、逐差法优点	计算填空、简答填空		
			4.r测量值偏大原因	选择填空		

续表

试卷	分值	考查内容	考点项目	答题形式	考查实验能力	电路图
安徽卷	10*分	多用电表、半偏法测电压表内阻	1.欧姆表测电压表内阻	计算填空	实验原理、仪器选择、误差分析	R_0 R_v (V) P b R a E S
			2.选择实验仪器	选择填空		
			3.误差分析	选择填空		
天津卷	6*分	伏安法测电阻	1.多用电表使用	选择填空	基本仪器使用、电路设计（电表改装）	R_x (G) R_1 (G) R_2 S E
			2.设计测量电路	画电路图		
重庆卷	6*分	多用电表使用	1.多用电表直流电压档读数	读数填空	基本仪器使用、实验操作	a 保险丝 开关 b 蓄电池 小灯 c
			2.故障判断	选择填空		
四川卷	11分	伏安法测电阻	1.选择实验仪器	选择填空	实验原理、数据处理、应用图像解决问题	R_x (A₂) R_1 (A₁) R_0 E R
			2.电路动态分析	选择填空		
			3.作R_1-I_2图	描点作图		
			4.求R_x	读图计算填空		
广东卷	8分	可调电源电路	1.电压表读数	读数填空	基本仪器使用、实验操作	E_n R_0 S A P B 输出电压
			2.实验注意事项	选择填空		
			3.输出电压调节	选择填空		
			4.保护电阻R_0作用	选择填空		

试卷	分值	考查内容	考点项目	答题形式	考查实验能力	电路图
江苏卷	8分	伏安法测电阻	1.螺旋测微器结构、读数	选择填空读数填空	基本仪器使用、实验操作、误差分析	
			2.故障判断	选择填空		
			3.实验改进建议	简答		
海南卷	15分	测合金电阻率	1.螺旋测微器、游标卡尺读数	读数填空	基本仪器使用、实验原理	
			2.电阻率关系式	推导填空		
		测电源的E、r	1.画电路原理图	画电路图	实验原理、仪器选择、应用图像解决问题、误差分析	
			2.电阻选择根据	简答填空		
			3.由U-I图线求r	读图计算填空		
			4.系统误差产生原因	简答填空		
上海卷	7分	用DIS测电源的E、r	1.导线连接	选择填空	选择填空、应用图像解决问题	
			2.由U-I图线求E、r	读图计算填空		
			3.导线连接,求定值电阻R	选择填空、读图计算填空		

说明:

(1)"*"因试卷只给出大题分数,未给出电学实验小题分数,因此表中分数为大致分数。

(2)上海卷电路图中的电流传感器用电流表替代,电压传感器用电压表替代。

二、2014年高考物理电学实验题的特点

1. 突出对学生实验能力各个方面的考查

所有试卷都是3～5个小题，从而尽可能从实验原理、实验操作、数据处理、误差分析、电路设计等方面进行全方位考查。

2. 注重用数学图像方法处理物理实验数据能力的考查

要求学生能根据两物理量之间的变化规律，找出其中的对应函数关系，并根据图像的斜率、面积、截距等比较简便地得出结果。15套试卷有7次对运用数学图像处理实验数据进行考查，这是高中物理实验考查的一个新趋势，是对考生合理并灵活地运用数学图像诠释物理规律和物理意义的挑战。

3. 加强对学生实验知识迁移能力的考查

通过不同电学实验综合，电学实验与电学之外的知识综合，考查学生对实验原理的理解及实验创新设计能力。例如，天津卷、四川卷将电表改装与伏安法测电阻相结合，课标Ⅰ卷、福建卷将电表改装与测电源的电动势和内阻相结合；又如大纲卷利用多个未知电阻测电源的电动势和内阻，安徽卷利用多用电表测电压表内阻，上海卷利用"测电源的电动势和内阻实验"测量定值电阻大小。这些试题既考查了学生对实验原理的理解和掌握，又考查了学生对实验的延伸和拓展能力，具有很好的区分度，能把不同层次的考生区分开来。

4. 强化对学生误差分析和处理能力的考查

15套试卷有6次对分析误差能力进行了考查。浙江卷分析$U-I$图像判别数据点、福建卷利用逐差法处理数据都具有一定的前瞻性和导向性。

5. 力图让试题呈现实验真实感

15套试卷10次出现了电路原理图，6次出现了实物图；通过电路原理图、实物图的方式呈现，达到区分学生做与不做的目的，同时让学生体会到了实验的亲切感和真实感。

三、2015年电学实验复习策略

1. 掌握电学实验的基础知识是提高复习效果的基础

电学实验的基础知识主要是指能明确实验目的，能理解实验原理和实验方法；会使用仪器，会观察、分析实验现象，会记录处理实验数据，并得出实

验结论。电学实验的基础知识主要包括以下几个方面：

（1）基本仪器的原理及使用。

正确选用实验仪器是进行实验的前提，要想正确选用仪器，就要对实验仪器原理及使用非常了解。电学实验基本仪器主要包括两部分：测量仪器（电流表、电压表、欧姆表）和控制仪器（滑动变阻器、电阻箱）。利用实验仪器对实验过程进行恰当的控制是做好实验的关键，通过适当的调节控制可使实验按要求的条件、预定的目标进行，保证结论准确。使用时要注意滑动变阻器的分压式与限流式接法的合理选用，要正确选择电流表内接法、外接法，这些都是保证实验顺利进行并得出准确的实验结论的前提。

（2）实验原理和方法。

高考要求考查的电学实验主要有：测定金属的电阻率、描绘小灯泡的伏安特性曲线、测定电源的电动势和内阻、练习使用多用表等实验。而这些实验的实验原理主要是：部分电路欧姆定律、电阻定律、闭合电路欧姆定律、电阻的串并联特点等，理解和掌握这些规律是圆满完成实验的保证，同时也为今后实验的变式、延伸提供了可能。

（3）实验数据的记录与处理。

实验操作过程是为了得出实验数据，对数据进行分析处理得出结论才是实验的最终目的。这要求学生熟练运用列表法、公式法、图像法等方法，在处理中能发现并剔除问题数据，会根据实验数据和给定的坐标纸选取合适的标度建立坐标系，描点连线。并会根据所画图线得出实验结论，利用图线的信息点（包括斜率、截距、面积、拐点、交点等）求解有关物理量，从而最终得出实验结论。

（4）实验误差的分析。

误差分析能力指能找到实验中可能存在的误差和消除误差的方法，会用多次测量求平均值的方法减小偶然误差；会分析误差的来源，尽量减小误差是做好实验的关键。实验误差的分析通常是分析实验的系统误差，系统误差分析一般包括三个方面的内容：一是实验结果的分析，在不考虑偶然误差的前提下比较测量值与真实值的大小；二是实验误差的来源分析；三是寻找减小实验误差的措施。实际上只要进行了实验结果的分析，实验误差的主要来源和采取怎样的措施来减小误差则是显而易见的。

2. 强化电学实验的知识迁移是提高复习效果的手段

电学设计性实验一般是用所学过的原理去设计一个实验来测定某一物理量，或用学生实验中学过的方法去设计实验完成其他物理量的测量。解答这类试题的关键是，要由熟悉的物理规律进行迁移确定实验原理，进而确定需要测量的物理量，然后选择合适的测量仪器和实验装置，合理安排实验步骤，以获得正确结果。在实验复习教学中不仅要求学生认真独立地完成高考大纲所要求的实验，而且应针对所涉及的实验原理、实验方法有所延伸拓展；要重视规律的一般性，更要注意规律的特殊性，避免思维定势造成知识的负迁移。

（1）实验原理由一般性到特殊性的迁移。串并联电路的特点和闭合电路欧姆定律是电学实验两个重要的实验原理，它们的一般性和特殊性分别如表2、表3所示：

① 串并联电路特点。

表2　串并联电路的迁移

电路	电路图	电路总电阻一般情况	电路总电阻特殊情况	应用
串联	R_1　R_2	$R_总=R_1+R_2$	$R_1<<R_2$ $R_总\approx R_2$	半偏法测电流表的内阻
并联	R_1 R_2	$R_总=\dfrac{R_1R_2}{R_1+R_2}$	$R_1<<R_2$ $R_总\approx R_1$	半偏法测电压表的内阻

② 闭合电路欧姆定律。

表3　闭合电路欧姆定律的迁移

电路	电路图	一般情况	特殊情况	应用
闭合电路	$E\;r$ I　R U	$I=\dfrac{E}{R+r}$ $E=U+Ir$	$r<<R$ $U\approx E$	电压表测电源电动势

（2）实验仪器由一般性到特殊性的迁移。学生通常对电流表和电压表的应用存在着片面认识：一是认为电流表只能串联在电路中，电压表只能并联在电路中；二是认为电流表只能测电流，电压表只能测电压。其实电流表和电压表都是有电阻的，在特定情形下电流表是可以并联、电压表也可以串联在电路中的。另外，当电流表内阻已知时，可以根据电流表读数乘以其内阻得到电流表两端的电压，此时电流表可当电压表使用；当电压表内阻已知时，电压表可当电流表使用；实际上当电表内阻已知时，电表起到一个"会说话的电阻"作用。

3. 重视学生动手实践能力是提高复习效果的途径

电学实验立意新颖、灵活多变、综合性强，对学生的能力要求高，仅靠教师讲学生能力难有提升，实验复习时，教师应当针对性地精选电学实验习题让学生练习，通过练习使学生逐步把握解决问题的策略，逐渐形成特定问题的解决方法，让学生在新的实验情境中能够灵活应用。

另外，高考命题者试图创设一种真实的实验情境，致力于通过纸笔的考试考查学生真实的实验能力，将做过实验的学生和没有做过实验的学生区分开来，当然，高考大纲中要求的实验如果不亲自做一做，学生也很难达到对实验的真正理解；因而在高三电学实验复习中，应加强学生感性认识，强化动手能力的培养，让学生到实验室看一看、做一做，帮助学生真正意义上对实验原理的理解、掌握，帮助学生实现知识迁移，达到能力提升的目的。

参考文献

［1］陆光华. 2012年江苏高考电学实验复习策略的思考［J］.中学物理，2012（6）.

［2］李红伟. 近5年高考新课标全国卷理综物理实验题分析［J］.中学物理教学，2012（6）.

以实验为基础提高课堂教学的有效性

——以电容器的电容为例

　　物理学是一门以实验为基础的自然学科，所有物理概念、规律的发现和确立，都是建立在实验的基础上的，物理实验对物理学的发展和物理教学都起到极其重要的作用。在物理课堂教学设计中，如果能够巧妙地创设系列物理课堂实验，不但能帮助学生深刻理解物理规律的本质，激发学生学习的兴趣，而且能转变以往被动的知识灌输模式，让学生走向积极的、主动的自主性学习，提高课堂教学的有效性。下面以高中人教版选修3-1第一章第8节《电容器的电容》为例，说明如何以实验为基础，实现提高课堂教学有效性的教学设计。

　　电容器是一种重要的电学元件，在实际生活中有着广泛的应用；学习电容器内容之前学生已经学习了电荷量、电场强度、电势差等物理量，这节的内容既是对以上知识的综合应用，也是物理在实际生活中的体现，同时也为后面学习带电粒子在匀强电场的运动、电磁振荡等内容打下基础，因此起到承上启下的作用。电容概念的建立、决定平行板电容器电容大小的因素是本节的教学重点，电容概念的理解及电容器的充放电过程是本节的教学难点。

　　课堂教学设计流程：引入课题，探究电容器储存电荷的特性——→探究电容器的充放电过程——→通过实验探究得出电容定义式——→探究决定平行板电容器电容大小的因素——→常见电容器、结束新课。

一、引入课题，探究电容器储存电荷的特性

实验设计1：探究电容器储存电荷的特性。

实验仪器：起电机、金属圆盘（2个）、节能灯、轻小物体、细绳、导线

若干。

实验原理：两个相距1~2cm的金属圆盘为两个极板，空气作为电介质，则组成了最简单的电容器。利用起电机使极板带电，两极板中间悬挂的轻小物体被吸引偏转，说明金属圆盘极板带电；把两圆盘与节能灯连接，节能灯闪亮一下，同样说明电容器具有储存电荷的特性。（图2）

 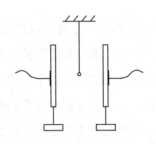

图1　起电机　　　　　　　　　图2　实验示意图

评析：用简单的两个金属圆盘做成电容器，让学生认识到电容器的结构是如此简单，电容器的制作原来如此容易。用轻小物体来检测电容器是否带电（带电体能吸引轻小物体），是实验的一个亮点；为了进一步证实电容器已储存电荷，通过节能灯使灯闪亮了一下，更吸引了学生的注意力，激发了学生的求知欲。这个实验设计充分考虑到学生认识发展水平，体现了创新意识及创新思维，彰显了"从生活走向科学，从科学走向生活"的现代教育思想。

二、探究电容器的充放电过程

实验设计2：探究电容器充放电电流方向及大小变化情况。

实验仪器：发光二极管（2个）、电源、电容器、单刀双掷开关、导线若干。

实验原理：把单刀双掷开关拨向1，发光二极管a变亮然后逐渐变暗，反映电容器充电电流方向及充电电流大小逐渐减小；把单刀双掷开关拨向2，发光二极管b变亮然后逐渐变暗，反映电容器放电电流方向及放电电流大小逐渐减小。（如图3）

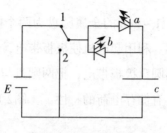

图3　充放电过程电路

评析： 电容器的充放电过程是电容器工作的主要形式，也是学生了解电容器的一个载体。教材对电容器的充放电过程叙述比较简单，加上内容抽象，电荷的微观运动无法演示，学生接受起来比较困难，而这部分内容又是后面学习电磁振荡的基础。为解决这个问题，实验设计通过两个发光二极管，让学生直观地感受到电容器充放电电流的方向及电流的大小变化情况，使学生对电容器的认识更加具体，更加丰富，也为后面的教学铺平了道路。

三、通过实验探究得出电容定义式

实验设计3： 探究电容器储存电荷量与电势差的关系。

实验仪器： 数字万用表、电源、完全相同的电容器（5个）、单刀双掷开关（3个）、单刀单掷开关、导线若干。（如图4）

实验原理： 开始所有开关都处于断开状态。①先闭合S，电源对C_1充电；②断开S，单刀双掷开关S_1接1，类比库仑扭秤实验的电量二分法，两个完全相同的电容器直接接触，电量也将平分，由此C_1、C_2所带电量应该均为$\dfrac{Q}{2}$；

③S_1接2，S_2接3，C_2、C_3所带电量应该均为$\dfrac{Q}{4}$；④S_2接4，S_3接5，C_3、C_4所带电量应该均为$\dfrac{Q}{8}$；⑤S_3接6，C_4、C_5所带电量应该均为$\dfrac{Q}{16}$；⑥用数字万用表直接测出容器C_1、C_2、C_3、C_4两极电压，分析得出Q与U的比值为一个常数。（见表1）

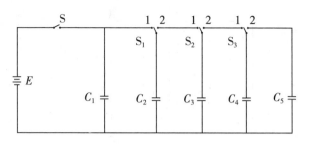

图4 探究电容定义式电路

表1 电量与电压关系

	C_1	C_2	C_3	C_4
电量	$\dfrac{Q}{2}$	$\dfrac{Q}{4}$	$\dfrac{Q}{8}$	$\dfrac{Q}{16}$
电压	$\dfrac{U}{2}$	$\dfrac{U}{4}$	$\dfrac{U}{8}$	$\dfrac{U}{16}$

评析：得出电容定义式是本节的重点，也是难点。以往教学设计大多是类比柱形水容器的方法告诉学生电容器所带电量Q与电压U成正比；或者通过放电产生火花强弱、小灯泡的亮度情况等来定性说明电容器储存电荷量的多少，不足以说明电量Q与电压U成正比。本实验设计巧妙地利用电量二分法使电容器电量这个很难测量的物理量问题得到解决，实验操作简单易行，科学严谨，效果明显，学生容易理解，充分达到了突破教学重点、难点的作用。

实验设计4：探究不同电容器的电容大小。

实验仪器：干电池、不同型号电解电容器（3个）、石英钟、单刀双掷开关、单刀单掷开关3个、导线若干。

实验原理：用两节干电池同时对3个不同型号的电解电容器充电，然后分别通过石英钟放电，石英钟指针转动的格数半定量地反映了电容器储存电荷量的多少。分析实验结果得出，不同电容器，电压相同，指针转动的格数一般不同，储存电荷的本领一般不同。（如图5）

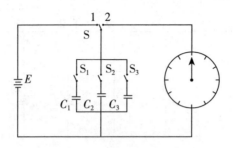

图5 探究电容器电容大小电路

表2 电容大小与指针转动的格数关系

电容（uF）	1000	500	250
指针转动的格数	4	2	1

评析：实验设计运用控制变量法，对不同电容器在相同电压下储存电荷量的多少进行半定量探究，得出不同电容器电容一般不同的结论，使电容这一抽象概念变得直观、具体，学生易于理解和接受，学生的抽象思维能力和创新能力也得到了培养和提高。（见表2）

四、探究决定平行板电容器电容大小的因素

实验设计5：探究平行板电容器的电容大小决定因素。

实验仪器：平行板电容器（见图6）、数字电容表、陶瓷片、玻璃板。

图6 数字电容表

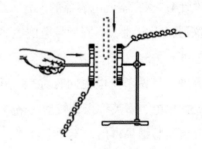

图7 实验示意图

实验原理：直接用数字电容表测量平行金属板组成的电容器电容。当两板距离减小，电容表测出电容器的电容变大；当两板正对面积减小，电容表测出电容器的电容变小；在两板之间插入介质，电容表测出电容器的电容变大。（如图7、表3）

表3　电容与d、S、电介质关系

S不变d变化			d不变S变化			插入电介质	
d	$\dfrac{d}{2}$	$\dfrac{d}{4}$	S	$\dfrac{S}{2}$	$\dfrac{S}{4}$	陶瓷片	玻璃板
C	2C	4C	C	$\dfrac{C}{2}$	$\dfrac{C}{2}$	C变大	C变大
结论：C与d成反比			结论：C与S成正比			结论：C与介质有关	

评析：影响平行板电容器电容大小的因素是本节教学内容的又一重点。课本给出的演示实验是间接推导电容与各种因素的关系，这个实验不直观，对推导能力要求较强，难以让学生形成深刻的印象，不符合高中学生的认识水平与逻辑发展水平；同时这个实验演示所花时间较长，容易受天气等因素影响导致实验不成功；且只能定性得出结论。而本实验设计应用新仪器数字电容表直接测量平行板电容器电容，对电容大小的决定因素进行定量研究，不受天气影响，操作简单，现象明显，学生容易接受理解。

五、常见电容器，结束新课

实验设计6：测量人体电容器电容大小。

实验仪器：数字电容表、导线若干。

实验原理：20位同学手拉手分成两排组成一个人体电容器，用数字电容表可直接测量出人体电容器的电容大小。增大两排学生间的距离，数字电容表测量出的电容变小；减小两排学生间的距离，数字电容表测量出的电容变大。减少两排学生人数，测得的电容变小。（如图8）

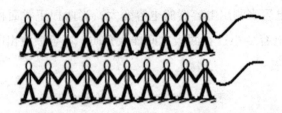

图8　人体电容器

评析：本实验设计通过两排学生间距的变化、人数的变化，加深了对平行板电容器电容大小决定因素的理解；通过测量人体电容器电容，让学生感受电容器电容存在的普遍性，激发了学生的学习兴趣，课堂教学在结束时达到高潮，学生课后回味无穷。关注生活，从生活中挖掘物理教学素材，并以实验的形式呈现给学生，让学生感受到物理是有用的，学习物理是有现实意义的。

诺贝尔物理学奖获得者丁肇中对实验的重要性有过精辟的描述："所有的自然科学都是实验科学。再好的理论如果与实验不相符，那么理论就不存在。实验可以推翻理论，而理论永远无法推翻实验。因此实验对于自然科学来讲非常重要。"在物理教学中，教师都要明白这个道理：物理实验是物理学的基础，要上好物理课，就要设计好课堂实验，针对学生的疑难、困惑，想方设法构思实验展示的方式，还物理学科以本来面目，从而达到提高课堂教学有效性的目的。

第五章

习题研究

5

浅谈物理实验试题的创新设计

——以验证动量守恒定律为例

高考考试大纲将动量和近代物理等选考内容列为必考，原来作为选考的验证动量守恒定律实验也相应地列入了必考实验范畴，这就要求我们在高考实验复习备考中，应加强验证动量守恒定律实验的复习，做到举一反三，注重拓展创新。验证动量守恒定律实验创新设计的落足点，实质就是如何测量相互作用的物体作用前后的速度问题，下面从速度测量的角度谈谈验证动量守恒定律实验的创新设计问题。

一、利用打点计时器测量相互作用物体的速度

例1：某同学设计了一个用电磁打点计时器验证动量守恒定律的实验：

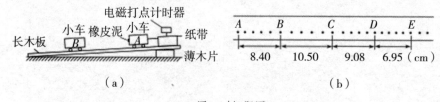

图1　例1题图

（1）下面是实验的主要步骤：

①把长木板放置在水平桌面上，其中一端用薄木片垫高。

②把打点计时器固定在长木板的一端。

③将纸带穿过打点计时器并固定在小车A的一端。

④把小车A的前端固定橡皮泥，让小车B静止地放置在木板上。

⑤ 先接通电源，再推动小车*A*使之运动，接着与原来静止在前方的小车*B*相碰并粘合成一体继续运动。（如图1（a））

⑥ 关闭电源，取下纸带，换上新纸带，重复步骤③④⑤，选出较理想的纸带如图1（b）所示。

⑦ 用天平测得小车*A*的质量为$m_1=0.4kg$，小车*B*的质量为$m_2=0.2kg$。

（2）在上述实验步骤中，还需完善的步骤是_____（填写步骤序号并完善该步骤）。

（3）若已测得打点纸带如图1（b）所示，并测得各计数点间距（已标在图上）。*A*为运动的起点，则应选_____段来计算*A*碰前的速度；应选_____段来计算*A*和*B*碰后的共同速度（以上两空选填"*AB*"或"*BC*"或"*CD*"或"*DE*"）。

（4）根据以上实验数据计算，碰前两小车的总动量为_____kg·m/s，碰后两小车的总动量为_____kg·m/s。（以上两空结果保留三位有效数字）

（5）试说明（4）问中两结果不完全相等的主要原因是_____。

答案：

（2）①，调节薄木片的位置，轻推小车能使之匀速下滑。

（3）*BC*，*DE*。

（4）0.420，0.417。

（5）纸带处的摩擦、空气阻力等造成动量不守恒。

点评：这是验证*A*、*B*两物体发生完全非弹性碰撞时动量守恒的一个创新实验。实验时为消除小车与木板之间的摩擦力影响，采用了垫高法平衡摩擦力；对打点计时器打出的纸带进行处理，计算出*A*碰前及*A*、*B*碰后的共同速度，系统碰撞前后的动量大小，得出在误差范围内，系统碰撞前动量的大小等于碰撞后动量的大小，即动量守恒。实验由学生亲自动手操作得出纸带，并对纸带进行数据处理，锻炼了学生的动手能力、操作能力、读取数据和处理数据能力，缺点是操作复杂，学生读数带来较大误差。

二、利用光电门测量相互作用物体的速度

例2：某实验小组利用水平气垫导轨、光电门的测量装置来研究两个滑块碰撞过程中系统动量的变化情况。实验仪器如图2所示。

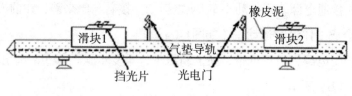

图2　例2题图

实验过程：

（1）调节气垫导轨水平，并使光电计时器系统正常工作。

（2）在滑块1上装上挡光片并测出其长度L。

（3）在滑块2的碰撞端面粘上橡皮泥（或双面胶纸）。

（4）用天平测出滑块1和滑块2的质量m_1、m_2。

（5）把滑块1和滑块2放在气垫导轨上，让滑块2处于静止状态（$v_2=0$），用滑块1以初速度v_1与之碰撞（这时光电计时器系统自动计算时间），撞后两者粘在一起，分别记下滑块1的挡光片碰前通过光电门的遮光时间t_1和碰后通过光电门的遮光时间t_2。

（6）先根据公式　④　计算滑块1碰撞前的速度v_1及碰后两者的共同速度v；再计算两滑块碰撞前后的动量，并比较两滑块碰撞前后的动量的矢量和。

根据实验数据完成表1内容：（表中计算结果保留三位有效数字）

实验数据：$m_1=0.324$kg，$m_2=0.181$kg，$L=1.00$mm

表1　实验数据

次数	滑块1		滑块2		碰前系统动量kg·m/s		碰后系统动量kg·m/s
	$v_1/m \cdot s^{-1}$	$v/m \cdot s^{-1}$	$v_2/m \cdot s^{-1}$	$v/m \cdot s^{-1}$	m_1v_1	m_2v_2	$(m_1+v_1)v$
1	0.290	0.184	0	0.184	0.094	0	⑤
2	0.426	0.269	0	0.269	⑥	0	0.136
结论：⑦							

（7）若要证明上述碰撞是非弹性碰撞，那么还应满足的表达式为　⑧　（用上面所测物理量的符号即m_1、m_2、t_1、t_2、L表示）。

答案：

④ $v=\dfrac{L}{t}$

⑤ 0.093

⑥ 0.138

⑦ 在误差允许的范围内，碰前系统动量矢量和等于碰后系统动量矢量和。

⑧ $m_1 \left(\dfrac{L}{t_1}\right)^2 > (m_1 + m_2) \left(\dfrac{L}{t_2}\right)^2$

点评：本实验验证滑块1和滑块2发生完全非弹性碰撞时动量守恒。利用气垫导轨极大地减小了滑块与导轨的摩擦，从而近似认为滑块与导轨之间不受摩擦力作用。测定滑块速度是利用挡光片通过光电门的平均速度代替滑块的瞬时速度，减小实验误差的关键是调节气垫导轨使之水平，以及准确测量两滑块的质量。实验操作简单、准确，具有浓厚的时代气息。

三、利用平抛运动位移代替相互作用的物体速度

例3：某同学用如图3所示的装置做验证动量守恒定律的实验。先将a球从斜槽轨道上某固定点处由静止开始滚下，在水平地面上的记录纸上留下压痕，重复10次；再把同样大小的b球放在斜槽轨道末端水平段的最右端静止放置，让a球仍从原固定点由静止开始滚下，和b球相碰后，两球分别落在记录纸的不同位置，重复10次。

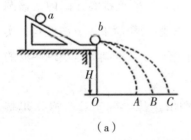 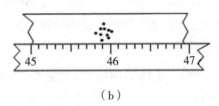

（a）　　　　　　　　　　　（b）

图3　例3题图

（1）本实验必须测量的物理量有_____。

A. 斜槽轨道末端到水平地面的高度H

B. 小球a、b的质量m_a、m_b

C. 小球a、b的半径r

D. 小球a、b离开斜槽轨道末端后平抛飞行的时间t

E. 记录纸上O点到A、B、C各点的距离OA、OB、OC

169

F. a球的固定释放点到斜槽轨道末端水平部分间的高度差h

（2）根据实验要求，m_a____m_b（填"大于""小于"或"等于"）。

（3）放上被碰小球后，两小球碰后是否同时落地？如果不是同时落地，对实验结果有没有影响？（不必做分析）_____。

（4）为测定未放小球b时，小球a落点的平均位置，把刻度尺的零刻度线跟记录纸上的O点对齐，如图给出了小球a落点附近的情况，由图可得OB距离应为_____cm。

（5）按照本实验方法，验证动量守恒的验证式是_____。

答案：

（1）BE

（2）大于

（3）b球先落地，对实验结果无影响

（4）45.95 ± 0.02

（5）$m_a OB = m_a OA + m_b OC$

点评： 本实验验证小球a、b发生碰撞时动量守恒。根据平抛运动原理，两小球离开桌面下落时间相同，因而小球平抛时水平位移与速度成正比，所以可以利用水平位移代替小球的速度验证动量守恒定律。实验采用多次测定，利用"平均落点法"（画一个尽可能小的圆，将多次落点都圈在圆内，该圆圆心即为多次落点的平均落点）消除偶然误差。实验操作简单，方法经典；实验减小误差的关键是保证小球每次从同一高度下落，以及准确测量小球平抛的水平距离。

例4： 某同学用图4的装置做"验证动量守恒定律"的实验，操作步骤如图4：

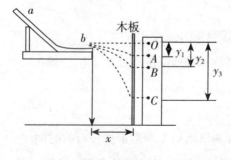

图4 例4题图

（1）先将斜槽轨道的末端调整水平，在一块平木板表面先后钉上白纸和复写纸，并将该木板竖立于靠近槽口处，使小球a从斜槽轨道上某固定点处由静止开始滚下，撞到木板在记录纸上留下压痕O。

（2）将木板向右平移适当距离，再使小球a从原固定点由静止释放，撞到木板在记录纸上留下压痕B。

（3）把半径相同的小球b静止放在斜槽轨道水平段的右边缘，让小球a仍从原固定点由静止开始滚下，与b球相碰后，两球撞在木板上，并在记录纸上留下压痕A和C。

① 本实验必须测量的物理量是_____。（填序号字母，要求验证方法简洁可行）

A. 小球a、b的质量m_a、m_b

B. 小球a、b的半径r

C. 斜槽轨道末端到木板的水平距离x

D. 球a的固定释放点到斜槽轨道末端的高度差h

E. 记录纸上O点到A、B、C的距离y_1、y_2、y_3

② 放上被碰小球，两球相碰后，小球a在图4中的压痕点为_____。

③ 若两球碰撞动量守恒，则应满足的表达式为_____。（用①中测量的量表示）

④ 若两球发生的是弹性碰撞，则还应满足的表达式为：_____。

答案：

①AE　②C　③$\dfrac{m_a}{\sqrt{y_2}} = \dfrac{m_a}{\sqrt{y_3}} + \dfrac{m_b}{\sqrt{y_1}}$　④$\dfrac{m_a}{y_2} = \dfrac{m_a}{y_3} + \dfrac{m_b}{y_1}$

点评： 本实验和例3一样，是利用物体做平抛运动的位移来代替物体水平速度，只是利用竖直位移大小代替物体速度。即根据$v = \dfrac{x}{t} = x\sqrt{\dfrac{g}{2y}}$，因而水平位移相同，物体速度与竖直下落距离$\sqrt{x}$成反比。实验方案操作烦琐，原理复杂，但设计有利于培养学生的发散思维能力。

四、利用机械能守恒计算相互作用物体的速度

例5： 某同学用如图5所示装置验证动量守恒定律，用轻质细线将小球1悬

挂于O点，使小球1的球心到悬点O的距离为L，被碰小球2放在光滑的水平桌面上。将小球1从右方的A点（OA与竖直方向的夹角为α）由静止释放，摆到最低点时恰与小球2发生正碰，碰撞后，小球1继续向左运动把轻质指示针推移到图中的OC位置，小球2落到水平地面上到桌面边缘水平距离为S的D点。

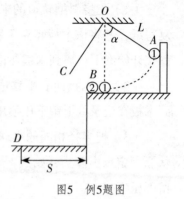

图5　例5题图

（1）实验中已经测得上述物理量中的α、L、S，为了验证两球碰撞过程动量守恒，还应该测量的物理量有_____。

（2）请用测得的物理量结合已知物理量来表示碰撞前后小球1和小球2的动量：$P_1=$_____；$P_1'=$_____；$P_2=$_____；$P_2'=$_____。

答案：

（1）小球1的质量m_1　小球2的质量m_2　桌面高度h　轻质指示针推移到OC位置与竖直方向的夹角θ。

（2）$m_1\sqrt{2gL(1-\cos\alpha)}$；$m_1\sqrt{2gL(1-\cos\theta)}$；0；$m_2S\sqrt{\dfrac{g}{2h}}$。

点评： 本实验利用物体做平抛运动知识得到两球碰后球2速度，利用机械能守恒计算球1碰前和碰后的速度。实验方法较为复杂，实验不足之处是很难准确测定球1静止释放时细绳与竖直方向的夹角α及碰后球1摆到最高点时细绳与竖直方向的夹角θ（即轻质指示针推移到OC位置与竖直方向的夹角）。实验设计方案复杂，误差较大，实际操作性不强，但有利于培养学生的分析能力、创新能力。

总之，在验证动量守恒定律实验复习教学中，应重视基本实验原理和基本方法的教学，同时也要重视实验的迁移，如果能有意识地对实验进行迁移拓展，必能达到提高学生应用所学实验基本知识解决实际创新实验试题能力的目的。

浅谈实验试题的命题规律

——以验证牛顿第二定律实验为例

验证牛顿第二定律实验由于在实验原理、研究方法、数据处理方法、误差控制等方面，能较好地考查学生的理解能力、分析能力、实验操作能力和创新能力等能力要求，是高考考试大纲中规定的学生分组实验中的难点之一，故在近几年高考中深受高考命题专家的青睐。本文结合历年高考试题，探讨实验试题命题的一般规律。

命题规律1：实验原型

本类试题以教材实验原型进行命题，主要考查对实验目的、实验原理、实验器材、实验步骤、数据处理等方面的理解。

例1： 某实验小组利用图1的装置探究加速度与力、质量的关系。

①下列做法正确的是_____。（填字母代号）

A. 调节滑轮的高度，使牵引木块的细绳与长木板保持平行

B. 在调节木板倾斜度平衡木块受到的滑动摩擦力时，将装有砝码的砝码桶通过定滑轮拴在木块上

C. 实验时，先放开木块再接通打点计时器的电源

D. 通过增减木块上的砝码改变质量时，不需要重新调节木板倾斜度

②为使砝码桶及桶内砝码的总重力在数值上近似等于木块运动时受到的拉力，应满足的条件是砝码桶及桶内砝码的总质量_____木块和木块上砝码的总质量。（填"远大于""远小于"或"近似等于"）

③甲、乙两同学在同一实验室，各取一套图1的装置放在水平桌面上，木块上均不放砝码，在没有平衡摩擦力的情况下，研究加速度a与拉力F的

关系，分别得到图2中甲、乙两条直线。设甲、乙用的木块质量分别为$m_甲$、$m_乙$，甲、乙用的木块与木板间的动摩擦因数分别为$\mu_甲$、$\mu_乙$，由图2可知，$m_甲$_____$m_乙$，$\mu_甲$_____$\mu_乙$。（填"大于""小于"或"等于"）

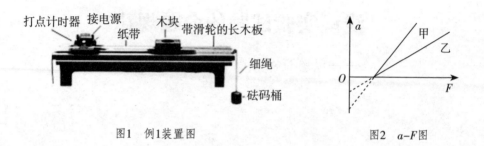

图1　例1装置图　　　　　　　　　图2　a–F图

答案：①AD　②远小于　③小于　大于

点评：本试题主要考查"验证牛顿第二定律实验"，要求学生明确实验原理，特别要明确实验系统误差的来源，知道减少系统误差的方法。

命题规律2：实验变式

这类试题与教材实验原型比较，实验目的相同，只是在实验原理、器材、步骤等某个方面有所改进。

例2：某同学利用图3所示实验装置及数字化信息系统获得了小车加速度a与钩码的质量m的对应关系图，如图4所示。实验中小车（含发射器）的质量为200g，实验时选择了不可伸长的轻质细绳和轻定滑轮，小车的加速度由位移传感器及与之相连的计算机得到。回答下列问题：

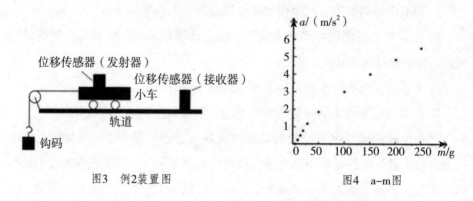

图3　例2装置图　　　　　　　　　图4　a–m图

（1）根据该同学的结果，小车的加速度与钩码的质量成_____（填"线性"或"非线性"）关系。

（2）由图4可知，a-m图线不经过原点，可能的原因是_____。

（3）若利用本实验装置来验证"在小车质量不变的情况下，小车的加速度与作用力成正比"的结论，并直接以钩码所受重力mg作为小车受到的合外力，则实验中应采取的改进措施是_____，钩码的质量应满足的条件是_____。

答案：

（1）非线性

（2）存在摩擦力

（3）调节轨道的倾斜度以平衡摩擦力　远小于小车的质量

点评： 本试题在教材实验原型基础上进行了变形，利用位移传感器代替打点计时器，对实验条件、数据处理、误差分析等知识内容进行了考查。学生解答该题应理解掌握控制变量这种实验方法，清楚实验每一项操作的理由，如为什么要平衡摩擦力等。

命题规律3：实验迁移

这类试题以教材实验原型为背景，对实验的目的进行研究变化，如利用验证牛顿第二定律实验实验装置测量动摩擦因数、验证动能定理、验证机械能守恒等。由于实验目的的变化，因而在实验原理方法、器材、步骤等方面也有相应的变化。

例3： 图5为测量物块与水平桌面之间动摩擦因数的实验装置示意图，实验步骤如下：

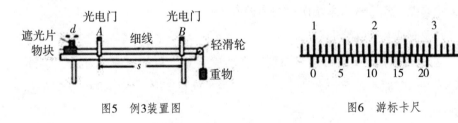

图5　例3装置图　　　　　图6　游标卡尺

① 用天平测量物块和遮光片的总质量M、重物的质量m；用游标卡尺测量遮光片的宽度d；用米尺测量两光电门之间的距离s；

② 调整轻滑轮，使细线水平；

③ 让物块从光电门A的左侧由静止释放，用数字毫秒计分别测出遮光片经过光电门A和光电门B所用的时间Δt_A和Δt_B，求出加速度a；

④ 多次重复步骤③，求 a 的平均值 $\bar{a}$；

⑤ 根据上述实验数据求出动摩擦因数 μ。

回答下列问题：

（1）测量 d 时，某次游标卡尺（主尺的最小分度为1mm）的示数如图6所示，其读数为 _____ cm。

（2）物块的加速度 a 可用 d、s、Δt_A 和 Δt_B 表示为 $a=$ _____。

（3）动摩擦因数 μ 可用 M、m、$\bar{a}$ 和重力加速度 g 表示为 $\mu=$ _____。

（4）如果细线没有调整到水平，由此引起的误差属于 _____。（填"偶然误差"或"系统误差"）

答案：

（1）0.960

（2）$\dfrac{1}{2s}\left[\left(\dfrac{d}{\Delta t_B}\right)^2-\left(\dfrac{d}{\Delta t_A}\right)^2\right]$

（3）$\dfrac{mg-(M+m)\bar{a}}{Mg}$

（4）系统误差

点评： 本试题利用验证牛顿第二定律实验装置测量物块与水平桌面之间的动摩擦因数，实验目的发生了变化，是在教材原实验基础上进行了拓展迁移，对学生能力要求较高。同时利用光电门、数字毫秒计测量物块速度，现代气息浓厚。解答该题时，应明确探究加速度与物体质量、物体受力的关系实验的实验原理，知道减小系统误差的两种方法。

命题规律4：实验创新

这类试题不同于教材实验原型，在实验背景、目的、原理方法、器材、步骤等方面与原实验有很大的差距，可以说是面目全非，试题进行了全方位的创新设计。

例4： 现要验证"当质量一定时，物体运动的加速度与它所受的合外力成正比"这一物理规律。给定的器材如下：一倾角可以调节的长斜面（如图7）、小车、计时器一个、米尺。

（1）填入适当的公式或文字，完善以下实验步骤（不考虑摩擦力的影响）：

① 小车自斜面上方一固定点A_1从静止开始下滑至斜面底端A_2，记下所用的时间t。

② 用米尺测量A_1与A_2之间的距离s，则小车的加速度$a=$_____。

③ 用米尺测量A_1相对于A_2的高度h。设小车所受重力为mg，则小车所受的合外力$F=$_____。

④ 改变_____，重复上述测量。

⑤ 以h为横坐标，$\dfrac{1}{t^2}$为纵坐标，根据实验数据作图。如能得到一条过原点的直线，则可以验证"当质量一定时，物体运动的加速度与它所受的合外力成正比"这一规律。

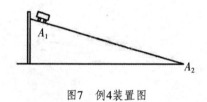

图7　例4装置图

（2）在探究如何消除上述实验中摩擦阻力影响的过程中，某同学设计的方案是：

① 调节斜面倾角，使小车在斜面上匀速下滑。测量此时A_1点相对于斜面底端A_2的高度h_0。

② 进行（1）中的各项测量。

③ 计算与作图时用（$h-h_0$）代替h。

对此方案有以下几种评论意见：

A. 方案正确可行。

B. 方案的理论依据正确，但利用所给器材无法确定小车在斜面上是否做匀速运动。

C. 方案的理论依据有问题，小车所受摩擦力与斜面倾角有关。

其中合理的意见是_____。

答案：

（1）② $\dfrac{2s}{t^2}$　③ $mg\dfrac{h}{s}$　④斜面倾角（或填h的数值）。

（2）C。

点评： 本试题不论在实验器材、实验原理等方面与教材原实验相比都不同，这对于学生的实验分析能力、实验设计能力要求很高，能很好地考查学生的创新思维能力。解答这道题首先要清楚实验原理，清楚测量的物理量能否直接测量；否则要通过物理规律把变量进行转换，以便更好地进行研究和测量。

从以上分析和探讨实验题命制规律中可知，在高考物理实验复习教学中，应加强实验基础知识和基本方法的教学，同时也应从各方面对实验进行延伸拓展，从而提高学生解决实际问题的能力和创新能力，提高学生解答实验试题的能力。

提升高三物理一轮复习效果的方法探究

"年年岁岁花相似，岁岁年年人不同"。2019年高考刚落下帷幕，2020年高三复习备考又已开始，在接下来的一轮物理复习中，应该注意什么，着重做什么？下面谈谈我的几点看法。

一、紧扣基本知识，全面系统复习

在教育部考试中心提出"一体四层四翼"的命题理念中，四翼指命题要符合基础性、综合性、应用性、创新性四个方面的考查要求，这很好地回答了怎么考的问题。实际上也为高三复习备考指明了方向，即高三复习重视基本概念、基本规律的复习；弄清概念的内涵外延、来龙去脉，掌握规律的表达形式、各物理量的意义单位、规律的适用条件、概念规律的区别和联系。比如，在天体运动中，环绕天体做匀速圆周运动所需向心力由万有引力提供，即：$G\dfrac{Mm}{r^2} = m\left(\dfrac{2\pi}{T}\right)^2 r$，等式两边$r$的含义是不同的，左边的$r$是两天体球心之间的距离，右边的$r$是环绕天体做圆周运动的半径；如果没把这两个$r$的含义弄清楚，便会造成在求解双星、三星等问题上的解答困难。

第一轮备考复习要依据课本，对照考试说明的要求，认认真真，踏踏实实，对各个知识点逐一进行梳理，全面系统复习。不要放过任何一个知识点，更不能抱侥幸心理，猜测某个知识点今年不考而不进行复习，从而导致复习中遗漏知识点的情况出现。

二、利用思维导图，构建知识网络

在高考物理考试大纲中有100多个考点，而高考试题只有几十道；虽然现行高考命题不太强调全面考查，但命题者客观上还是想尽可能多地对知识点进行考查，因而高考试题的综合程度都非常高，每道题都会对多个知识点进行考查。由于考查的知识点太多，往往导致学生答题时产生无从下手或者丢三落四的感觉。所以在复习备考中，对知识点不仅要知其然，还要知其所以然，不仅要深刻理解知识点的内涵与外延，同时还要掌握知识点间的内在联系，理清知识脉络，构建知识体系。

思维导图是基于人脑思维模式而构建的一种思考图形，它能够辅助学生建构概念间的区别与联系，构建整个思维导图的过程实质就是学生思维过程的呈现。思维导图是一种归纳性很强的思维方式，能够显示出思维的过程，有利于理清知识的层次，让各知识点建立一定的联系；让学习者处于一个完整的学习环境中，激发出灵感，衍生出更多的思考。

例如，在静电场的复习中，涉及的概念多且抽象，给学习理解造成困难，但利用思维导图来理清思路，就会感到清晰明了。静电场内容的思维导图如图1所示：

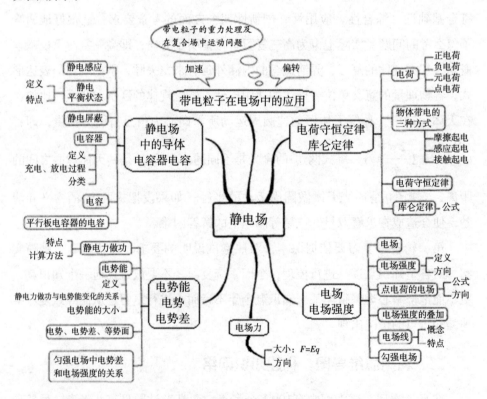

图1　静电场内容思维导图

静电场内容实质是从力和能两个角度对电场进行研究。在力的角度研究中，根据电场大小和粒子的电量可知电场力的大小，由电场方向和粒子的电性可知电场力的方向；在能的角度研究中，根据电场线的方向可知电势的变化，由电场力的做功可知电势能的变化等。通过这两个角度绘制思维导图，使学生对电场的知识一目了然。

三、精选精练精讲，提高复习效率

各个学校教学实际情况不同，一轮复习时间长短也不尽相同，但一般都会安排半年以上的时间。总的时间看起来似乎很长，但因为复习的知识内容多，在每个知识点上分配的时间显得非常紧，这就要求在处理练习问题时，教师要做到精选、学生做到精练。有人说：一轮复习的关键在于练习题的选择，精选练习是一轮复习成败的关键。这虽然有点言过其实，但仔细想想，还是很有道理的。

如何做到练习的精选精练？首先，确保练习的来源要精。给学生选取的练习题可以是历年高三复习中积累的好题、经典题、历年高考试题或各地高考模拟题；也可以是教材的课后习题或其他版本教材的课后习题；还可以考虑从近年来各高校自主招生试题、竞赛试题中进行选题改编。绝对不能随便选几个题目，毫无目的地练习堆积，或搞题海战术而造成学生无效学习，进而浪费他们的时间。

其次，练习的使用要精。练习的使用安排要有教学思想、方法引领，要有计划目标。发放每一套练习，应明确是针对先学后教、边讲边练，还是先讲后练；因为不同的使用安排，练习的难度、题型题量是有所不同的。每道练习的选择要有明确的教学目的，最好在选题前制定知识点细目表。

最后，练习的评讲要精，要讲清楚题目怎么做，更要让学生理解题目命制的目的和意义，考查什么知识点、能力要求，切勿就题论题，要合理引导学生发散思考，构建试题的物理模型，归纳解题的方法与策略等。

四、注重反思教学，培养理性思维

学生做的题不能说不多，每天按10道练习题计算，高三一年下来少说也有三四千道题，但在高考或临近高考时，往往有不少同学感到实际解题水平不高，应变能力不强。分析其原因，主要是缺乏练习后反思的良好习惯。反思是对自己的思维过程、思维结果进行再认识的检验过程，是进一步深化、整理和提高的过程，还是一种再发现和再创造的过程，可以说反思是学习中不可缺少的重要环节。在目前的高三物理复习教学中，教师在教学中往往偏重于知识容量，很少有意识地要求学生反思学习过程，很少让学生参与反思技能的指导和训练，学生自身也很少自觉地进行反思。这使得中学生反思学习能力的发展远远落后于其他心理能力的发展。由于物理知识内容的抽象性、逻辑性和程序性，反思学习能力水平的高低，将直接影响学生物理思维能力的发展和物理学习质量的提升。因而要求教师要把学生反思学习能力的培养放在一个重要的位置，在课堂教学中合理进行反思教学训练，把学生的思维水平从感性思维引向理性思维。

对试题进行多解反思，培养学生发散思维能力。多解反思是指针对某一试题，从各个不同的角度，运用不同的物理知识，沿着不同的路径，采用不同的方法进行解答的一种方法和策略。每位学生思维的角度、方式、水平等方面的差异，使学生的练习解答往往呈现多样化，这时教师引导学生通过比较和鉴别，从中选择出最简单的解题方法，进一步认识各部分知识的联系，领悟各学科思想特点，培养学生思维的发散性。这对于拓宽学生的思路，加深对所研究问题的理解，提高学生分析和解决问题的能力是有好处的。

对试题进行变式反思，培养学生科学探究能力。变式反思是指针对某一道试题，让题目设置情境有所变化，按程序对问题不断地拓展，变成许多道相关的习题。在物理学科中通过试题模型内已知条件和未知条件之间的相互转换等变式，能让学生的思维变得活跃、发散，达到一题多练的效果，还能将形似神不似的题目并列在一起比较，求同存异，培养学生条件转换、设问置疑、探究因果、主动参与、积极思考的好习惯。

对试题进行归类反思，培养学生构建模型能力。归类反思是指将多个表面看起来不同，但实质上相同的试题归为一类，从模型建构的角度寻找到它们的共同点，用相同的物理规律去分析解答，达到认识这类物理现象的共同规律的目的。例子如下：

例1：质量为M的船停在静止的水面上，船长为L，一质量为m的人，由船头走到船尾，若不计水的阻力，则整个过程人和船相对于水面移动的距离为多少？

例2： 如图2所示，在光滑的水平地面上，有两个光滑的直角三角形木块A和B，底边长分别为a、b，质量分别为M、m，若M=4m，且不计任何摩擦力，当B滑到底部时，A向后移了多少距离？

例3： 如图3所示，质量为M的气球上有一质量为m的人，共同静止在距地面高为h的空中。现在从气球中放下一根质量不计的软绳，人沿着软绳下滑到地面。则软绳至少为多长，人才能够安全到达地面？

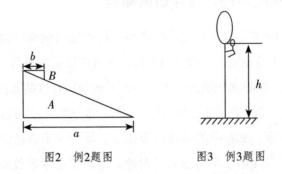

图2 例2题图　　　　图3 例3题图

例4： 如图4所示，质量为M的$\frac{1}{4}$圆弧轨道静止于光滑水平面上，轨道半径为R，现把质量为m的小球自轨道左侧最高处静止释放，小球滑至最低点时，求小球和轨道相对于地面各自滑行的距离。

例5： 如图5所示，光滑水平杆上套有一个质量可忽略的小环，长L的绳一端系在小环上，另一端连着质量为M的小球，今使小球与环等高且将绳拉直，把小球由静止释放，直到小球与环在同一竖直线上，试分析这一过程中小球沿水平方向的移动距离。

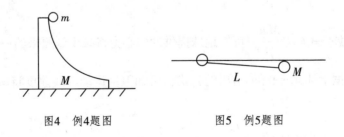

图4 例4题图　　　　图5 例5题图

以上试题都是"人船模型"或"人船模型变式"运动，都是利用动量守恒及两研究对象间的位移大小关系，即：$mS_1-MS_2=0$，$S_1+S_2=L$进行解答。表面上看似多个题目多种物理情境，但在实际解答时所用的物理规律是相同的。

在复习教学中，将多题归一的试题有目的地串联起来，编成一组，引导学生进行观察，引导学生对试题进行归类反思，可提高学生的化归能力，使零碎的知识成为一个有机的整体，体会解题的通用规律在解题中的作用，培养学生观察问题的敏感性和逻辑思维的系统性，感悟模型建立的重要性，大大增强解题策略的选择与判断能力。

五、做好错题归档，弥补知识漏洞

学习中，多数学生都会有这样的体会：许多题目前面已经做过、老师已经讲过，但再考还是做错。仔细分析发现，在这些错题的背后，实质隐藏了学生学习过程中所产生的知识漏洞。那么如何发现与弥补这些知识漏洞呢？做好错题归档应该是一条比较有效的措施。错题本是学生在学习过程中，把自己做过的作业、习题、试卷中的错题整理成册，便于找出自己学习中的薄弱环节，使得学习重点突出、学习更有针对性，进而提高学习效率、提高学习成绩的作业本。错题本不是简单地将题目和正确答案抄录下来，更重要的是要分析出现错误的原因和预防类似错误出现的方法，让自己对这一类错题的认识逐步加深。错题本中的错题一般应包括错解过程、错解分析、正确解答、错题启示等内容。

例如：假如一做圆周运动的人造地球卫星的轨道半径增大到原来的2倍，仍做圆周运动，则（　　　）

A. 根据公式$v=\omega r$，可知卫星运动的线速度增大到原来的2倍

B. 根据公式$F=m\dfrac{v^2}{r}$，可知卫星所需的向心力将减少到原来的$\dfrac{1}{2}$

C. 根据公式$F=G\dfrac{Mm}{r^2}$，可知地球提供的向心力将减少到原来的$\dfrac{1}{4}$

D. 根据上述选项B和C给出的公式，可知卫星运动的线速度将减少到原来的$\dfrac{\sqrt{2}}{2}$

错解过程：选择A、B、C

因为A、B、C中的三个公式都是正确的，将2r代入公式得$v'=2v$，$F'=\dfrac{1}{2}F$，

$$F' = \frac{1}{4}F$$

所以选择A、B、C正确。

错解分析：A、B、C三个选项中的公式都是正确的，但A、B使用过程中用错了。A选项中的公式$v=\omega r$，只有在ω一定时，$v\propto r$；B选项中的公式$F=m\dfrac{v^2}{r}$，只有在v一定时，$F\propto\dfrac{1}{r}$；而当问题中的r变为$2r$时，必会导致ω、v发生变化，因此不存在$v\propto r$和$F\propto\dfrac{1}{r}$的结论。所以A、B是错误的。

分析解答：正确选项为C、D。

线速度与半径成正比的前提是在角速度一定时，而在卫星的轨道半径r变化时，角速度也同时发生变化，所以A选项不正确。同理，F与半径成反比的前提是在线速度一定时，而在卫星的轨道半径r变化时，线速度也同时发生变化，故B选项错误。而在C选项中G、M、m都是恒量，所以$F\propto\dfrac{1}{r^2}$，即$r'=2r$时，$F=\dfrac{1}{4}F$，C正确。B、C结合得$m=\dfrac{v^2}{r}=G\dfrac{Mm}{r^2}$，可以得出$v^2=\dfrac{GM}{r}$，$v\propto\sqrt{\dfrac{1}{r}}$，所以$v'=\dfrac{\sqrt{2}}{2}r$，D正确。

错题启示：物理公式反映物理规律，在理解时不仅要知道规律的使用条件，还要知道规律的来龙去脉，否则死记硬背必会经常出错。

卫星绕地球运动近似看成圆周运动，万有引力提供向心力，由此，

$$F_{向}=F_{万}=\frac{GMm}{R^2}=ma_{向}\begin{cases}\dfrac{v^2}{R}\\[2mm]\dfrac{4\pi^2R}{T^2}\\[2mm]4\pi^2n^2R\\[2mm]\omega^2R\end{cases}$$

根据以上式子得出：

$$v \propto \frac{1}{\sqrt{R}} \quad T \propto \sqrt{R^3} \quad \omega \propto \frac{1}{\sqrt{R^3}} \quad n \propto \frac{1}{\sqrt{R^3}}$$

错题本不仅仅是把做错的习题整理、记录下来，更重要的是能经常抽出时间拿出来，对错题浏览一下，错题重做一遍，让每一道错题发挥出最大的效果，保证在后面的学习中遇到类似的练习题时，会立刻想起曾经犯过的错误，从而避免再次犯错。另外，由于基础不同，每位同学建立的错题本也不同，同学之间可以针对错题本中的错误进行交流，互相借鉴，互相启发，警示自己不要犯同学犯的类似的错误，弥补知识漏洞，提高练习训练的准确性。

STSE情境材料试题特点分析

STSE是科学（Science）、技术（Technology）、社会（Society）、环境（Environment）的英文缩写。STSE情境材料试题是以科学发展、技术进步、社会生活、环境保护等方面的内容为背景设置的一类物理试题。这类试题广泛涉及日常生活、社会热点、科技前沿、能源环保等方面的内容，具有浓厚的时代气息，考查学生的实践能力与创新能力，体现"从物理走向生活，从生活走向物理"的教学理念，引导学生理论联系实际，学以致用。在解答这类试题过程中，要求考生能够对试题所展示的具体情境进行分析、理解和判断，弄清楚物理情境，抽象出物理模型，运用相应的物理知识进行解答。

一、STSE情境材料试题基本特点

1. 时代性

这类试题知识背景新颖，选材紧扣科技前沿，贴近生活，具有明显的时代性；学生在接触这类试题时，往往会产生一种既陌生又似曾相识的感觉。

2. 模型性

这类试题能够很好地考查学生的模型建构能力，学生解答试题时，要把题目所反映的具体情境转化为抽象的理想化模型进行分析，然后利用学过的物理知识进行求解。

3. 迁移性

这类试题内容涉及的材料可能会超越教材内容，但考查的知识点不会超出考试大纲；学生解答试题时，要明确题中的问题与哪些物理知识相联系，应该采用什么物理模型，运用什么物理规律进行解答。

4. 隐蔽性

这类试题有较强的隐蔽性，会使部分学生读完试题后，感觉不知所云；这要求学生认真阅读试题，对试题内容去粗取精、去伪存真，抛弃干扰信息，利用有效信息和相关知识建模、列式、求解。

二、STSE情境材料试题题目结构

这类试题选材灵活，立意新颖，阅读量比较大，学生在审题时容易出现既陌生又似曾相识的感觉，题中的有效信息及信息之间的关系难以一眼看穿，这要求学生认真审题，仔细分析，绕开陷阱，走出误区，挖掘筛选出其中的有效信息。这类试题一般由三部分组成：背景材料、题设条件、所求问题。

三、STSE情境材料试题处理思路

读懂材料，获取信息。这类试题的一个显著特点是题干字数较多，叙述较长，如果试题配以图、表，则题目信息量更大；学生要能够通过阅读、理解和分析从中筛选信息，提取有效信息。

明确要求，应用信息。做这类试题要求学生应先粗略浏览一遍题目，明确试题中讲述了什么物理内容，涉及了哪些物理知识，需要解决什么物理问题。

构建模型，运用规律。对试题中的有效信息进行比较、分析，转化为较为熟悉的信息，把试题所反映的问题情境转化为相应的物理模型，并将物理模型与所学过的物理知识、物理规律联系起来。

分析推理，列式求解。利用试题中提供的有效信息，结合物理知识、物理规律进行分析综合、迁移变化，最后列方程求解。（如图1）

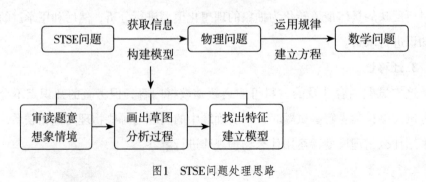

图1　STSE问题处理思路

四、STSE情境材料试题分类解析

1. 与科学发展联系类试题

这类试题往往以近代我国及世界上重大科技成果，如核能的开发与利用、光电子信息技术、空间技术、智能机械工程、生物工程、超导的研究等高新科学技术为素材命制试题，会给学生一种高、新的感觉，这要求学生在平时除了注意知识的延伸拓展，还要注意心理素质的培养，确保在处理这类问题时做到"不紧张，细分析，筛信息，建模型，促解决"。

例1：（2014，四川）石墨烯是近些年发现的一种新材料，其超高强度及超强导电、导热等非凡的物理化学性质有望使21世纪的世界发生革命性的变化，其发现者由此获得2010年诺贝尔物理学奖。用石墨烯制作超级缆绳，人类搭建"太空电梯"的梦想有望在21世纪实现。科学家们设想，通过地球同步轨道站向地面垂下一条缆绳至赤道基站，电梯仓沿着这条缆绳运行，实现外太空和地球之间便捷的物资交换。（如图2）

图2 "太空电梯"示意图

（1）若"太空电梯"将货物从赤道基站运到距地面高度为h_1的同步轨道站，求轨道站内质量为m_1的货物相对地心运动的动能。设地球自转角速度为ω，地球半径为R。

（2）当电梯仓停在距地面高度$h_2=4R$的站点时，求仓内质量$m_2=50$kg的人对水平地板的压力大小。取地面附近重力加速度$g=10$m/s^2，地球自转角速度$\omega=7.3\times10^{-5}$rad/s，地球半径$R=6.4\times10^3$km。

答案：

（1）$E_k=\dfrac{1}{2}m_1(R+h_1)^2\omega^2$

（2）11.5N

点评：本题以石墨烯的发现为背景，以"太空电梯"为话题，要求考生认真解读题中所给信息，抓住问题的关键，正确建立物理模型，灵活运用牛顿运动定律、万有引力定律、动能等知识解决相关问题。试题具有明显的时代性与迁移性，把对物理基础知识和基本技能的考查放在具体情境之下；引导学生在学习中关注现代科技发展，注重理论联系实际，促进材料的阅读与理解、信息的分析与处理等方面能力的提高。

2. 与技术进步联系类试题

物理学与生产技术存在着密切的联系，物理学基础理论的重大突破，推动着生产技术的进步和发展，促进新的技术科学的兴起。与技术进步联系类试题，物理情境相对复杂，但考查涉及的相关知识较为根本，万变不离其宗，试题充分彰显"起点高、落点低"的特点。学生在物理学习中，应重视物理学与生产技术的关系，用现代观念看待物理知识的实际应用，加深对现代生产技术的认识，培养运用所学知识分析解决现代生产技术问题的能力，增强社会责任感，了解物理学习的社会意义。

例2：（2016，天津）电磁缓速器是应用于车辆上以提高运行安全性的辅助制动装置，其工作原理是利用电磁阻尼作用减缓车辆的速度。电磁阻尼作用可以借助如下模型讨论：如图3所示，将形状相同的两根平行且足够长的铝条固定在光滑斜面上，斜面与水平方向夹角为θ。一质量为m的条形磁铁滑入两铝条间，恰好匀速穿过，穿过时磁铁两端面与两铝条的间距始终保持恒定，其引起电磁感应的效果与磁铁不动，铝条相对磁铁运动相同。磁铁端面是边长为d的正方形，由于磁铁距离铝条很近，磁铁端面正对两铝条区域的磁场均可视为匀强磁场，磁感应强度为B，铝条的高度

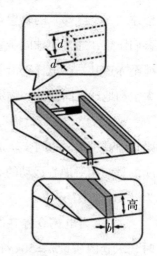

图3　电磁缓速器模型图

大于d，电阻率为ρ，为研究问题方便，铝条中只考虑与磁铁正对部分的电阻和磁场，其他部分电阻和磁场可忽略不计，假设磁铁进入铝条间以后，减少的机械能完全转化为铝条的内能，重力加速度为g。

（1）求铝条中与磁铁正对部分的电流I。

（2）若两铝条的宽度均为b，推导磁铁匀速穿过铝条间时速度v的表达式。

（3）在其他条件不变的情况下，仅将两铝条更换为宽度$b' > b$的铝条，磁铁仍以速度v进入铝条间，试简要分析说明磁铁在铝条间运动时的加速度和速

度如何变化。

答案：

（1）$I=\dfrac{mg\sin\theta}{2Bd}$

（2）$v=\dfrac{\rho mg\sin\theta}{2B^2d^2b}$

（3）磁铁做加速度逐渐减小的减速运动，直到 $F'=mg\sin\theta$ 时，磁铁重新达到平衡状态，将再次以较小的速度匀速下滑。

点评： 本题以车辆上的电磁缓速器装置为素材，考查通电导体棒切割磁感线、电路、受力特征等综合问题。考查了考生推理分析能力、归纳能力与用数学知识解决物理问题的能力，考查情境新颖，体现了从物理走向生活的教学理念。

3. 与社会发展联系类试题

这类试题往往与社会发展、生活实际联系在一起进行命题，给学生一种亲近的感觉，考查学生把原始物理问题转化成合适物理模型的能力及解决实际问题的能力，引导学生关注生活，注重科学探究。学生在平时物理学习中，应广泛地联系社会生活实际，扩充自己的知识面，开阔自己的眼界，从而真正感到物理学就在身边，物理学是一门活生生的学问。

例3：（2016，四川）避险车道是避免恶性交通事故的重要设施，由制动坡床和防撞设施等组成，如图4竖直平面内，制动坡床视为水平面夹角为 θ 的斜面。一辆长12m的载有货物的货车因刹车失灵从干道驶入制动坡床，当车速为23m/s时，车尾位于制动坡床的低端，货物开始在车厢内向车头滑动，当货物在车厢内滑动了4m时，车头距制动坡床顶端38m，再过一段时间，货车停止。已知货车质量是货物质量的4倍，货物与车厢间的动摩擦因数为0.4；货车在制动坡床上运动受到的坡床阻力大小为货车和货物总重的0.44倍。货物与货车分别视为小滑块和平板，取 $\cos\theta=1$，$\sin\theta-1$，$g=9.8\text{m/s}^2$。求：

图4 避险车道示意图

（1）货物在车厢内滑动时加速度的大小和方向。

（2）制动坡床的长度。

答案：

（1）$5m/s^2$，方向沿斜面向下

（2）98m

点评： 该题结合实际生活情境——高速公路上的避险车道，考查了牛顿第二定律、匀变速直线运动规律和摩擦力等基本知识。要求考生做到理论联系实际，仔细解读题目所述的物理现象，从相关图中获取有用的解题信息，建立合理的物理模型，体现了把学到的"理"运用到"物"中的过程，同时教育学生要自觉遵守交通规则，体现了试题的人文关怀。学生在物理学习中，要以物理知识与方法为依托，从物理学角度研究生产生活中的新产品、新设施，做到理论联系实际，培养创新意识和实践能力。

4. 与环境保护联系类试题

以能力立意为主，理论联系实际，引导学生关心身边的现象和事件，关注我们生活的环境变化，是全国高考命题的一个重要指导思想。让学生理解物理知识在解决环境问题、能源危机中的责任和作用，其意义超出学生应用物理知识解答试题本身。这类试题让学生树立科技服务社会的意识，利用科技兴利除弊，提升学生的科学素养、核心素养。

例4：（2016，北京）雾霾天气是对大气中各种悬浮颗粒物含量超标的笼统表述，是特定气候条件与人类活动相互作用的结果。雾霾中，各种悬浮颗粒物形状不规则，但可视为密度相同、直径不同的球体，并用PM10、PM2.5分别表示球体直径小于或等于$10\mu m$、$2.5\mu m$的颗粒物（PM是颗粒物的英文缩写）。

某科研机构对北京地区的检测结果表明，在静稳的雾霾天气中，近地面高度百米范围内，PM10的浓度随高度的增加略有减小，大于PM10的大悬浮颗粒物的浓度随高度的增加明显减小，且两种浓度分布基本不随时间变化。据此材料，以下叙述正确的是（　　）。

A. PM10表示直径小于或等于$1.0 \times 10^{-6}m$的悬浮颗粒物

B. PM10受到的空气分子作用力的合力始终大于其所受到的重力

C. PM10和大悬浮颗粒物都在做布朗运动

D. PM2.5浓度随高度的增加逐渐增大

答案： C

点评： 以雾霾天气为背景，内容贴近生活，试题考查了数量级换算，以及力学、热学方面的知识，同时兼顾获取信息、建立模型、分析综合等方面能力的考查；命题方式新颖，设问灵活，试题材料来源于生活，贴近生活，具有鲜明的时代感，体现了物理学与社会、环境的联系，树立起保护地球、爱护环境的理念。

可以说，近年来高考命题坚持以能力立意为主，理论联系实际，引导学生关注身边发生的事件和现象，关注科技的进步和社会的发展的指导思想。STSE情境材料试题立意高、选材活，具有鲜明的时代气息，能够较好地对学生的阅读能力、理解能力、分析推理能力、理论联系实际能力、心理适应和承受能力等方面的能力与素质进行考查。在物理教学中，应重视物理基本知识和基本方法的学习，同时也要重视理论联系实际，学以致用，从而达到提高学生的实践能力与创新能力、提升学生核心素养的目的。

利用分态式方程解答有关气体变质量问题

　　质量守恒定律是指在一个孤立的物体系统内，不论发生何种变化，物体系统的总质量始终保持不变。质量守恒定律是自然界最基本最普遍的规律之一。气体变质量问题是近几年高考试题呈现的一个新亮点，这类试题相对来说难度较大，但能很好地考查学生学科核心素养中的物理观念、科学思维，所以必将成为高考命题一个新的考查热点。解答这类试题的方法可以说多种多样，但只要仔细分析就会发现，气体变质量问题几乎都可以利用质量守恒定律来处理，且这种方法具有思路清晰、解答简单的优点。

　　理想气体在状态变化过程中，不同状态质量分别为 m_1、m_2……的同种理想气体混合，混合后气体分成质量为 $m_1{}'$、$m_2{}'$……的不同状态；则根据克拉珀龙方程得到气体混合前：

$$\frac{P_1 V_1}{T_1} = \frac{m_1}{M} R \qquad （1）$$

$$\frac{P_2 V_2}{T_2} = \frac{m_2}{M} R \qquad （2）$$

……

$$\frac{P_n V_n}{T_n} = \frac{m_n}{M} R \qquad （n）$$

由上面（1）-（n）式可得：

$$\frac{P_1 V_1}{T_1} + \frac{P_2 V_2}{T_2} + \cdots + \frac{P_n V_n}{T_n} = \frac{(m_1 + m_2 + \cdots + m_n)}{M} R$$

同理可得，气体混合后满足：

$$\frac{P'_1V'_1}{T'_1} + \frac{P'_2V'_2}{T'_2} + \cdots + \frac{P'_nV'_n}{T'_n} = \frac{(m'_1+m'_2+\cdots+m'_n)}{M}R$$

根据质量守恒，$m_1+m_2+\cdots+m_n=m'_1+m'_2+\cdots+m'_n$，则

$$\frac{P_1V_1}{T_1} + \frac{P_2V_2}{T_2} + \cdots + \frac{P_nV_n}{T_n} = \frac{P'_1V'_1}{T'_1} + \frac{P'_2V'_2}{T'_2} + \cdots + \frac{P'_nV'_n}{T'_n}$$

上式表示在总质量不变的前提下，同种理想气体进行混合前、后状态各参量之间的关系，可称之为理想气体"分态式"方程。

例1：一氧气瓶的容积为0.08m³，开始时瓶中氧气的压强为20个大气压。某实验室每天消耗1个大气压的氧气0.36m³。当氧气瓶中的压强降低到2个大气压时，需重新充气。若氧气的温度保持不变，求这瓶氧气重新充气前可供该实验室使用多少天。

分析：实验室消耗氧气，瓶中氧气质量不断减少，该试题是一个变质量问题；但如果选取瓶内剩余氧气与已经消耗的氧气整体作为研究对象，则使用前后氧气的质量是不变的，这样就把变质量问题转化为气体总质量不变的状态变化问题，就可以利用理想气体"分态式"方程进行解答。

解答：设氧气瓶开始时的压强为p，体积为V，使用N天后需重新充气前的压强为p_1；每天用去的氧气在p_0压强下的体积为V_0，氧气温度不变，则根据理想气体"分态式"方程得：

$pV=p_1V+Np_0V_0$

代入数据得：$N=4$。

点评：此题解题的关键是选取瓶内剩余氧气与已经消耗氧气整体作为研究对象，化变质量问题为气体总质量不变问题，同时找到气体在使用前后不同状态下的状态参量，根据质量守恒列方程求解。

例2：一热气球体积为V，内部充有温度为T的热空气，气球外冷空气的温度为T_0。已知空气在1个大气压、温度为T_0时的密度为ρ，该气球内、外的气压始终都为1个大气压，重力加速度大小为g。设充气前热气球的质量为m，求热气球充气后能够吊起重物的最大质量。

分析：热气球温度升高，排出空气，空气质量减少，是一个变质量问题；但如果选择热气球内剩余的气体与排出的空气作为整体进行研究，那么前后状态的空气质量是不变的，这样就把变质量问题转化为气体总质量不变的状

态变化问题，就可以利用理想气体"分态式"方程进行解答。

解答：设排出的空气等效在温度为T状态时对应的体积为ΔV，根据理想气体"分态式"方程得：

$$\frac{V}{T_0}=\frac{V}{T}+\frac{\Delta V}{T} \qquad \Delta V=\frac{V}{T_0}T-V$$

设F表示热气球所受浮力，G表示热气球内部热空气的重量，热气球充气后能够吊起重物的最大质量为M，由受力分析得：

$$Mg=F-G-mg=\rho gv-\frac{V}{V+\Delta V}\rho gv-mg=\frac{T-T_0}{T}\rho gv-mg$$

$$M=\frac{T-T_0}{T}\rho v-m$$

点评：此题是热学问题与力学问题的结合题，也是一道气体变质量问题。解答要求理解阿基米德定律，能选择热气球内剩余的气体与排出的空气作为整体，知道同温度同压强同种气体的质量比等于体积比，能分析气球的受力情况列平衡方程求解。

例3：圆柱形喷雾器高为h，内有高度为$\dfrac{h}{2}$的水，上部封闭空气。将喷雾器喷雾阀门K打开，恰好有水流出。已知水的密度为ρ，大气压强恒为P_0，喷雾口与喷雾器等高。忽略喷雾管的体积，将空气看作理想气体，喷雾器内气体温度认为始终不变。用打气筒缓慢地向喷雾器内充入空气，直到水完全流出，求充入空气与原有空气的质量比。（如图1）

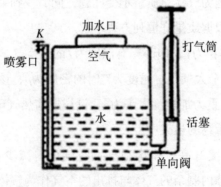

图1　例3题图

分析：用打气筒缓慢地向喷雾器内充入空气，喷雾器中空气质量不断增加，是一个变质量问题；但如果选择喷雾器中原来的空气与充入空气作为整体进行研究，打气前后状态的空气质量是不变的，这样就把变质量问题转化为气体总质量不变的状态变化问题，就可以利用理想气体"分态式"方程进行解答。

解答：设喷雾器的截面积为S，初始时气体体积为$V_0=\dfrac{h}{2}S$，压强为

$P_1=P_0+\rho g\dfrac{h}{2}$；喷雾器中的水完全排出，气体体积为$V_2=hs$，压强为$P_2=P_0+\rho gh$；打气筒向喷雾器内充入的空气等效为与喷雾器内气体温度、压强相同时的体积为ΔV。则根据理想气体"分态式"方程得：

$$P_1V_0+P_1\Delta V=p_2V_2$$

$$\Delta V=\dfrac{2P_0+3\rho gh}{2P_0+\rho gh}V_0$$

同温度同压强同种气体的质量比等于体积比，若充入的空气质量为Δm，

则：$\dfrac{\Delta m}{m_0}=\dfrac{\Delta V}{V_0}=\dfrac{2P_0+3\rho gh}{2P_0+\rho gh}$

点评：本题为典型的变质量问题，解答的关键是将喷雾器中原来的空气与充入的空气作为整体，化变质量问题为气体总质量不变问题，同时运用等效替代法，同温度同压强同种气体的质量比等于体积比，从而使这道难度较大的试题非常简洁、方便地得到解决。

例4：如图2所示，两个充有空气的容器A、B，以装有活塞栓的细管相连通，容器A浸在温度为$t_1=-23\,℃$的恒温箱中，而容器B浸在$t_2=27\,℃$的恒温箱中，彼此由活塞栓隔开。容器A的容积为$V_1=1L$，气体压强为$P_1=1atm$；容器B的容积为$V_2=2L$，气体压强为$P_2=3atm$，求活塞栓打开后，气体的稳定压强是多少?

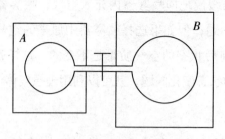

图2　例4题图

分析：由于A、B容器气体初始状态压强不同，活塞栓打开后，A、B容器的气体质量均发生变化，A、B容器内的气体分别都是一个变质量问题；但如果把A、B两容器的气体作为整体进行研究，前后状态的空气总质量是不变的，这样就把变质量问题转化为气体总质量不变的状态变化问题，就可以利用理想气体"分态式"方程进行解答。

解答：将A、B两容器中的气体看成整体，由理想气体分态式方程可得：

$$\frac{P_1V_1}{T_1}+\frac{P_2V_2}{T_2}=\frac{P'_1V'_1}{T'_1}+\frac{P'_2V'_2}{T'_2}$$

因末状态为A、B两部分气体混合后的平衡态，则气体的稳定压强为 $P'=P_1'=P_2'$，代入有关数据得：

$P'=2.25atm$

故活塞栓打开后，气体的稳定压强为2.25atm。

点评：此题的解题关键是选取A、B容器的气体整体作为研究对象，化变质量问题为气体总质量不变问题，同时找到气体在混合前后不同状态下的状态参量，然后根据质量守恒列方程求解。

现行高中教材对克拉珀龙方程是不要求的，但如果在教学过程中，能在理解和掌握理想气体状态方程的基础上，对状态方程进行适当的深化与拓展，将理想气体"分态式"方程作为二级结论传授给学生；这不仅能开阔学生视野，同时能让学生掌握一种解决理想气体变质量的简单方法，更重要的是促进了学生物理学科核心素养的培养。

动量观点与其他相关知识综合的问题分析

2017年高考考试大纲进一步细化对"理解能力、推理能力、分析综合能力、应用数学处理物理问题的能力、实验能力"的考查要求，增加例题进行阐释，明确能力考查的具体要求；同时删去人教版《物理·选修2–2》的内容，将《物理·选修3–5》的内容列为必考，《物理·选修3–3》《物理·选修3–4》作为选考模块的内容和范围都不变，考生从中任选一个模块作答。《物理·选修3–5》的内容列为必考，动量和能量守恒、力与运动、电磁感应综合将成为高考考查的热点、亮点。下面对动量观点与其他相关知识综合的问题进行分析。

一、利用动量定理求变力的冲量

在日常生活和生产中，常常会碰到变力作用在物体上的问题，在高中阶段不能直接求得变力的冲量。但如果力是线性变化时，我们可以将变力转化为平均力再求变力的冲量；或已知物体质量和初、末速度，也可以利用动量定理求解变力的冲量。

例1：如图1所示，A、B两小物块用轻弹簧相连，悬于轻绳下，A、B的质量分别为m_1、m_2。开始时，A、B均静止。剪断细线，经一段时间后，A、B的速度大小分别为V_1、V_2，方向均向下，求这段时间内弹簧的弹力对A、B的冲量。

解析：设弹簧对A的冲量$I_A=I$，则弹簧对B的冲量必为$I_B=-I$，分别以A、B为研究对象，且以竖直向下方向为正方向，则：

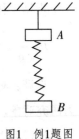

图1 例1题图

$$m_1gt+I=m_1v_1 \qquad\qquad m_2gt-I=m_2v_2$$

消去t，可解出：$I = \dfrac{m_1 m_2 (v_1 - v_2)}{m_1 + m_2}$

$$I_A = I = \dfrac{m_1 m_2 (v_1 - v_2)}{m_1 + m_2} \qquad I_B = -I = \dfrac{m_1 m_2 (v_2 - v_1)}{m_1 + m_2}$$

点评：如果以A、B系统为研究对象列方程，则$(m_1 + m_2)gt = m_1 v_1 + m_2 v_2$。动量定理不仅适用于恒力作用过程，也适用于变力作用过程，利用动量定理只考虑初末状态，不涉及运动过程，这是利用动量定理解决实际问题的优越性所在。

二、动量定理在流体问题中的应用

在处理有关流体（如水、空气、高压燃气等）撞击物体表面产生冲力（或压强）的问题，高中阶段只能利用动量定理进行解决。

例2：某种气体分子束由质量$m = 5.4 \times 10^{-26}\mathrm{kg}$，速度$V = 460\mathrm{m/s}$的分子组成，各分子都向同一方向运动，垂直地打在某平面上后又以原速率反向弹回，如分子束中每立方米的体积内有$n_0 = 1.5 \times 10^{20}$个分子，求被分子束撞击的平面所受到的压强。

解析：设在Δt时间内射到面积为S的某平面上的气体的质量为ΔM，则：

$\Delta M = V \Delta t S n_0 m$

取ΔM为研究对象，平面作用到气体上的反作用力为F，以分子碰撞平面弹回速度方向规定为正方向，由动量定理得：

$F \Delta t = \Delta M V - (-\Delta M V)$，

解得：$F = 2V^2 S n_0 m$

根据牛顿第三定律，平面受到的压强P为：

$$P = \dfrac{F}{S} = 2V^2 n_0 m = 3.43\mathrm{Pa}$$

点评：处理流体问题的关键是选在极短时间Δt内射到物体表面上的流体为研究对象。这类问题往往与受力平衡、牛顿第三定律、压强等知识点联系在一起进行考查。

三、动量定理与电磁感应问题的综合

导体棒切割磁感线产生感应电流，从而使导体棒又受到安培力作用。导体棒运动的形式有匀速、匀变速和非匀变速三种。对匀速、匀变速两种情况可以用牛顿定律进行求解，对非匀变速这种情况，由于安培力发生变化，且又涉及位移、速度、电荷量等问题时，如果用能量守恒和动量守恒定律求解，往往会无法求解，但利用动量定理求解往往能收到意想不到的效果。

例3： 如图2所示，水平光滑导轨与电阻R连接，处在磁感应强度为B的竖直向上的匀强磁场中，一质量为m，长为L的导体棒以初速度V_0向右运动，导体棒电阻和导轨电阻不计，设磁场范围足够大，导轨足够长，在导体棒运动的整个过程中，（1）通过电阻R的电荷量是多少？（2）导体棒运动的距离有多远？

解析：（1）设导体棒运动时间为t，平均电流为I，通过电阻R的电荷量为q，则：$q=It$

根据动量定理得：$BILt=mv_0$。

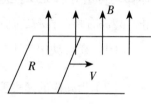

图2 例3题图

由以上两式解得：$q=\dfrac{mv_0}{BL}$

（2）设导体棒运动距离为x，由电路知识和法拉第电磁感应定律得：

$$q=It=\dfrac{E}{R}t \qquad E=\dfrac{\Delta\Phi}{\Delta t}=\dfrac{BLx}{t}$$

由以上两式解得：$q=\dfrac{BLx}{R}$

结合第（1）问结论得：$x=\dfrac{Rmv_0}{B^2L^2}$

点评： 通过例题的分析，当导体切割磁感线而产生感应电流，如果感应电流不恒定，导体受到的安培力也不恒定而做变速运动时，若涉及位移、速度、电荷量等问题时，可以利用动量定理来处理，使得看似疑难的问题迎刃而解。

四、动量守恒在电磁感应问题中的运用

在相互平行的水平轨道间的双棒做切割磁感线运动时，由于这两根导体棒所受的安培力等大反向，合外力为零，若不受其他外力，则两导体棒的总动量守恒，故解决此类问题往往应用动量守恒定律来处理。

例4： 两根足够长的固定的平行金属导轨位于同一水平面内，两导轨间的距离为L。导轨上面横放着两根导体棒ab和cd，构成矩形回路，如图3所示。两根导体棒的质量皆为m，电阻皆为R，回路中其余部分的电阻可不计。在整个导轨平面内都有竖直向上的匀强磁场，磁感应强度为B。设两导体棒均可沿导轨无摩擦地滑行。开始时，棒cd静

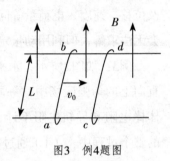

图3 例4题图

止，棒ab有指向棒cd的初速度v_0。若两导体棒在运动中始终不接触，求：

（1）在运动中产生的焦耳热最多是多少？

（2）当ab棒的速度变为初速度的$\dfrac{3}{4}$时，cd棒的加速度是多少？

解析： （1）从初始至两棒达到速度相同的过程中，两棒总动量守恒，则

$mv_0=2mv$，根据能量守恒，整个过程中产生的总热量：$Q=\dfrac{1}{2}mv_0^2-\dfrac{1}{2}(2m)$

$v^2=\dfrac{1}{4}mv_0^2$

（2）设ab棒的速度变为初速度的$\dfrac{3}{4}$时，cd棒的速度为v'，

则由动量守恒可知：$mv_0=m\dfrac{3}{4}v_0+mv'$

此时回路中的感应电动势和感应电流分别为：$E=\left(\dfrac{3}{4}v_0-v'\right)BL$　$I=\dfrac{E}{2R}$

此时cd棒所受的安培力：$F=IBL$

cd棒的加速度：$a=\dfrac{F}{m}$

由以上各式，可得：$a=\dfrac{B^2L^2v_0}{4mR}$

点评：在这类问题中，当两棒速度达到相同后，回路面积保持不变，磁通量不变化，不产生感应电流，两棒以相同的速度v做匀速运动，两金属棒的作用就可看成完全非弹性碰撞模型。

五、动量守恒在原子核衰变问题中的运用

原子核衰变时内力远大于外力，衰变过程遵循动量守恒定律；衰变后的粒子在电场中、磁场中或正交电场磁场中所做的运动情况由初速度和所受合力共同决定。

例5：在匀强磁场中的A点有一个静止的原子核发生衰变，衰变后形成如图4所示的两内切圆轨迹，则：

（1）该核发生的是什么衰变？

（2）如果已知大圆和小圆轨迹半径之比为44∶1，则该放射性元素的原子序数是多少？

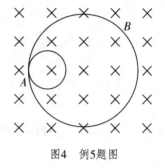

图4　例5题图

解析：因射出粒子与新核在磁场中的运动轨迹是内切圆，故射出粒子带负电，即为β衰度。因$r=\dfrac{mv}{Bq}$，所以$\dfrac{q_1}{q_2}=\dfrac{r_2}{r_1}=\dfrac{44}{1}$，可知放射性元素的原子序数为43。

点评：本试题主要考查对向心力、牛顿第二定律、带电粒子在匀强磁场中的运动等考点的理解。在匀强磁场中静止的原子核发生衰变，β衰变后形成两内切圆轨迹，α衰变后形成两外切圆轨迹。

六、多体碰撞问题

对于动量守恒定律的应用问题，2014年考试大纲将"只限于一维两个物体的碰撞问题"调整为"只限于一维"，从而使多体碰撞问题成为考查热点。近3年的高考试题中都有所体现。

例6：如图5所示，3个直径相同的小球静止在足够长的光滑水平面上，A、C两球的质量均为m，B球的质量为km（$k>1$）。给A球一个水平向右的初速

度v_0，B球先与A球发生弹性正碰，再与C球发生弹性正碰。求系数k的值为多大时，B与C碰后瞬间B球的速度最大？

解析：设A、B发生弹性碰撞后的速度分别为v_A、v_{B1}，由动量守恒定律及机械能守恒定律，则：

$$mv_0=mv_A+kmv_{B1}$$

$$\frac{1}{2}mv_0^2=\frac{1}{2}mv_A^2+\frac{1}{2}kmv_{B1}^2$$

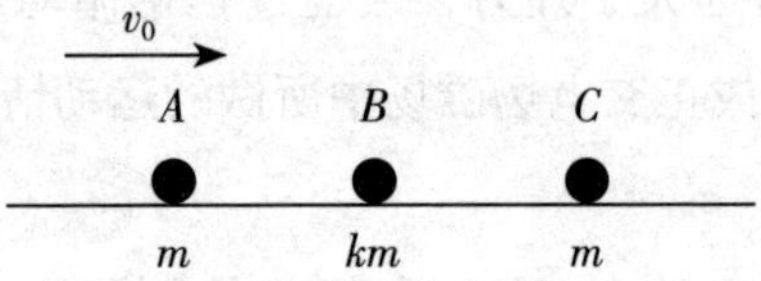

图5　例6题图

解得：$v_A=\dfrac{1-v_0}{1+v_0}$　　$v_{B1}=\dfrac{2}{1+k}v_0$

设B、C发生弹性碰撞后的速度分别为v_{B2}、v_C，同理有$v_{B2}=\dfrac{k-1}{1+k}v_{B1}$，代入并

整理得：$v_{B2}=\left[\dfrac{2}{1+k}-\dfrac{4}{(1+k)^2}\right]v_0=\left[\dfrac{2}{1+k}\left(1-\dfrac{2}{1+k}\right)\right]v_0$

显然，当$\dfrac{2}{1+k}=1-\dfrac{2}{1+k}$时，$v_{B2}$取最大值，解得$k=3$。

点评：此类问题中，损失的机械能往往用碰撞前后系统损失的动能来描述，损失的动能转化为其他形式的能量，如系统增加的内能最大，对弹簧系统弹簧的弹性势能最大。

太空质量测量方法举隅

在太空飞行中，航天员由于长期需要对生理状态进行全面的监控，身体质量是航天员周期性医学检查的重要内容，是监测航天员身体健康状况的一项重要指标，是医学监督、保障的重要手段，因此身体质量的测量是长期载人航天不可缺少的技术。多种空间实验的正确进行与结论得出均需建立在精确测定实验样品质量的基础上，而实验前后分别进行地面测量的方式却显现出极大的不足，在轨精确测定微小质量是更好开展空间实验的要求。

在地面上，人们一般用天平、杆秤、电子秤、台秤等测量物体的质量。天平是等臂杠杆，当天平平衡时有$m_物g=m_码g$，因同一地点g相同，故有$m_物=m_码$，在不同地点由于g值不同，因而砝码的重力是不同的，但砝码的质量值是不变的；杆秤是不等臂杠杆，其原理与天平相同，称出来的也是质量值；电子秤是测力工具，是将压力转化为电学量（电压、电流、频率），通过数码管显示出数量，通过刻度变换，转换成质量值；台秤也是测力工具，是根据内部弹性材料受到压力形变而带动指针指出数量，通过刻度变换，转换成质量值。上面这些仪器测量物体质量的方法都利用了物体的重力进行测量，在太空中，重力作用几乎为零，这些仪器也就无法称量了。在太空中如何测量物体质量呢？

在太空中质量测量方法的基本思路是：使被测物体运动，通过测量与物体质量相关的物理量，如振动频率、加速度、动量等，然后计算出物体质量。下面笔者归纳几种太空测量质量的方法。

一、利用振动方法测物体质量

该方法仪器相当于弹簧振子装置。如图1所示是仪器原理图，P是两边带有挡板的光滑木板、K是轻质弹簧、A是标准质量为M的带有夹子的金属块、Q

是待测质量的物体。该装置的弹簧振子做简谐运动，其周期公式为$T=2\pi\sqrt{\dfrac{m}{k}}$（其中$m$是振子的质量、$k$是弹簧系统劲度系数）。当只有$A$物体做简谐运动时，测得其周期为$T_1$；将待测物体$Q$固定在$A$上，使其做简谐运动，测得其周期为$T_2$。有$T_1=2\pi\sqrt{\dfrac{m_1}{k}}$，$T_2=2\pi\sqrt{\dfrac{m_1+m_2}{k}}$，整理得，待测物体$Q$的质量为$m_2=\dfrac{m_1}{T_1^2}(T_2^2-T_1^2)$。

这种方法测质量开展的研究最早，也得到了最多的实际应用，俄罗斯的质量测量设备、美国的小质量测量设备都利用了振动方法原理，但人体质量测量一般不用这种方法，因为振动过程可能会给航天员带来不适。

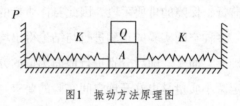

图1　振动方法原理图

二、利用圆周运动方法测物体质量

如图2所示是一种利用圆周运动方法测量质量的仪器原理图，容器与封装其中的待测质量共同固定在旋臂的末端，并在电动机的驱动下做圆周运动，力传感器可测出容器及待测质量做圆周运动所受的向心力F；根据做圆周运动物体所受向心力与其质量的关系$F=m\omega^2r$，其中r为旋转中心到等效质量m质心的距离，ω为旋转角速度。实验时只要测出r、ω，即可推算出待测质量的大小$m=\dfrac{F}{\omega^2r}$。

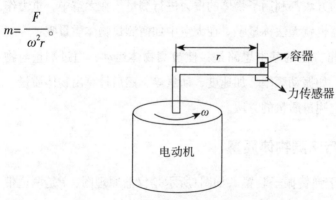

图2　圆周运动方法原理图

三、利用加速直线运动方法测物体质量

该方法是使物体做加速直线运动，根据牛顿第二运动定律$F=ma$，在测量出力F和加速度a的情况下，即可算出质量$m=\dfrac{F}{a}$。2013年6月20日，我国航天员在太空中演示了测量人体质量实验，如图3所示，聂海胜把自己固定在支架一端，王亚平轻轻拉开支架，一放手，支架便在弹簧的作用下回复原位，测出聂海胜的质量是74千克。王亚平解释道，天宫中的质量测量仪，应用的物理学原理是牛顿第二运动定律：$F=ma$，质量测量仪上的弹簧能够产生一个恒定的力F，同时用光栅测速装置测量出支架复位的速度v和时间t，计算出加速度（$a=v/t$），就能够计算出人体的质量（$m=F/a$）。

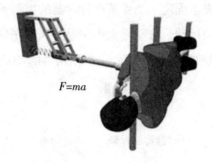

$$F=ma$$

图3　加速直线运动方法原理图

四、利用动量定理原理测物体质量

该方法应用动量定理，即物体动量改变量等于外力与时间的乘积。如图4所示是一种利用动量定理测量质量的仪器原理图，将待测质量m固结在滑块M上与力传感器发生碰撞，光学干涉仪测量出碰撞前后运动部分的速度v_1、v_2，力传感器测量出碰撞过程中的撞击力F，同时利用计时仪器测出力的作用时间t。根据动量定理得$Ft=(M+m)(v_1-v_2)$，即可求得待测质量$m=\dfrac{Ft}{v_1-v_2}-M$。

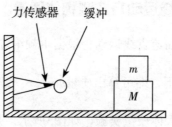

图4　动量定理方法原理图

五、利用动量守恒定律原理测物体质量

该方法应用原理是动量守恒定律，即没有外力作用的情况下，动量为零的系统的动量始终为零。如图5所示为仪器原理图，将待测质量m与参考质量M之间甲弹簧连接，用夹子固定。当弹簧在计时器的控制下释放时，待测质量与参考质量将向相反方向运动，且动量大小相等。利用光学干涉仪测出待测质量的速度与参考质量的速度分别为v、v_0，根据两者的动量守恒关系即可求得待测质量$m=\dfrac{Mv_0}{v}$。

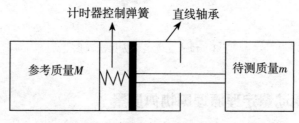

图5　动量守恒方法原理图

参考文献

［1］杜占英. 测量物体质量的四种特殊方法［J］. 数理化学习（高中版），2009（19）.

［2］任天忠，游阳明，魏连甲. 浅谈惯性质量、引力质量和测度质量［J］. 沧州师范专科学校学报，2008（06）.